2024年第2辑
（总第6辑）

行政检察工作指导

XINGZHENG JIANCHA GONGZUO ZHIDAO

最高人民检察院行政检察厅 编

中国检察出版社

图书在版编目（CIP）数据

行政检察工作指导．2024 年．第 2 辑：总第 6 辑 / 最高人民检察院行政检察厅编．—北京：中国检察出版社，2024. 7

ISBN 978 – 7 – 5102 – 3078 – 3

Ⅰ．①行… Ⅱ．①最… Ⅲ．①行政诉讼 – 检察 – 工作 – 研究 – 中国 Ⅳ．①D926. 3

中国国家版本馆 CIP 数据核字（2024）第 097902 号

行政检察工作指导（2024 年第 2 辑）

最高人民检察院行政检察厅　编

责任编辑：柴凯菲
技术编辑：王英英
美术编辑：徐嘉武

出版发行：中国检察出版社
社　　址：北京市石景山区香山南路 109 号（100144）
网　　址：中国检察出版社（www. zgjccbs. com）
编辑电话：（010）86423768
发行电话：（010）86423726　86423727　86423728
（010）86423730　86423732
经　　销：新华书店
印　　刷：北京联兴盛业印刷股份有限公司
开　　本：710 mm × 960 mm　16 开
印　　张：16. 25
字　　数：200 千字
版　　次：2024 年 7 月第一版　　2024 年 7 月第一次印刷
书　　号：ISBN 978 – 7 – 5102 – 3078 – 3
定　　价：60. 00 元

《行政检察工作指导》编委会

目　　录

特　稿

专　论

行政司法前沿

行政检察实务

行刑反向衔接

大数据法律监督模型

行政检察护航法治化营商环境

疑难案件剖析

优秀案例选登

行政法律文书

规范性文件

特　稿

行政检察监督助推法治政府建设*

张雪樵**

财新周刊：过去一年，最高检如何统筹推进行政执法与刑事司法双向衔接和行政违法行为监督？为消除追责盲区，打破“不刑不罚”怪圈具体做了哪些工作？

张雪樵：中国的行政检察制度承担的职能与其他国家检察机关的职能是不同的。我们要结合自己国家的国情，落实好推动国家的治理、国家的发展以及满足人民群众的需求。应勇检察长指出，要从政治制度、国家治理层面，从加强对公权力监督、促进法治政府建设的角度，认识和加强行政检察工作。统筹推进行政执法与刑事司法双向衔接和行政违法行为监督，是完善行政检察制度，加强与行政执法机关衔接配合，共同推进法治中国建设的重要举措。

行刑双向衔接包括正向衔接和反向衔接两方面，即行政执法机关向司法机关移送涉嫌犯罪案件的正向衔接和司法机关向行政执法机关移送行政处罚案件的反向衔接。随着依法治国的深入推进，行刑衔接呈现出从单向到双向、从重视治罪到治罪和治理并重的鲜明态势。行政犯领域不起诉数量快速增长，也对加强行刑反向衔接工

---

* 本文原载于黄雨馨：《张雪樵：检察监督助推法治政府建设》，载《财新周刊》2024 年第 10 期，有删节。

** 最高人民检察院副检察长。

作提出更高要求。

为解决实践中“不刑不罚、应罚未罚”等问题，最高检在加强行刑双向衔接，特别是行刑反向衔接方面采取了系列措施。一是印发文件，加强对下指导。2023年7月，最高检印发《关于推进行刑双向衔接和行政违法行为监督　构建检察监督与行政执法衔接制度的意见》（以下简称《衔接意见》），优化检察机关内部分工，由行政检察部门牵头负责行刑反向衔接工作，推动实现行刑双向衔接闭环、刑事处罚和行政处罚无缝衔接，规范推进行刑反向衔接工作。二是狠抓《衔接意见》贯彻落实。举办全国四级检察院专题培训，在检察业务应用系统2.0中新增反向衔接流程、案卡和报表；研究起草《人民检察院办理行刑反向衔接案件工作指引》《人民检察院在履行行政诉讼监督职责中开展行政违法行为监督工作的意见》。三是加大办案力度，规范和指导各地案件办理。聚焦落实中的难点及时发布三个解答，印发《行刑反向衔接典型案例》；推广北京市院涉刑在编人员行政处罚及纪律处分大数据法律监督模型、四川省院不起诉案件检察意见执行监督模型等，落实数字检察战略，融合推进行刑反向衔接和行政违法行为监督等。2023年检察机关提出给予被不起诉人行政处罚检察意见，占不起诉案件数的19.6%。

在构建检察监督与行政执法衔接制度方面，最高检与地方各级检察院加强与行政执法机关的沟通衔接，健全联席会议、信息共享、案件移送等工作机制，推动出台规范性文件等。一是强化“府检联动”，推动检察监督与行政监督的贯通融合；二是创新“行政检察+行政执法”机制，凝聚检察监督与行政监管合力，助推法治政府建设；三是借力数字检察，提升监督质效。着力畅通自然资源等重点领域行政执法数据信息共享、案情通报，推动平台建设升级，强化线索发现能力，最高检商公安部有关部门推动“食药环知”领域侦查、检察信息数据共享平台建设。

财新周刊：最高检围绕行政检察护航法治化营商环境建设做了哪些工作？未来将有哪些新举措？

张雪樵：“法治是最好的营商环境。”党的二十大报告强调，“完善产权保护、市场准入、公平竞争、社会信用等市场经济基础制度，优化营商环境。”最高检充分发挥行政检察监督职能，切实把优化法治化营商环境摆在更加突出的位置，通过高质效办好每一个案件，依法平等保护各类市场主体产权和合法权益，引导和促进市场主体守法合规经营，着力营造公开透明的法治化营商环境。

一是部署开展专项活动，聚焦经营主体发展中的“痛点”“难点”“堵点”，加大办案力度，营造公开透明的法治化营商环境。2023年2月，最高检印发通知，在全国检察机关部署开展行政检察护航法治化营商环境“小专项”活动，围绕涉市场主体产权保护、市场准入、公平竞争、社会信用、监管执法等“堵点”问题，依法平等保护各类经营主体产权和合法权益，优化经营主体发展环境。目前，各级检察机关共办理涉市场主体行政检察监督案件2.5万余件，涉及市场监管、环境资源、安全生产、税收管理、产权保护等领域，实质性化解相关行政争议4363件、听证3049件、开展类案监督1779件，发布涉经营主体权益保护典型案例3批17件，为企业挽回经济损失8.7亿余元。

二是各地检察机关立足实际，找准行政检察服务保障大局的切入点、结合点和着力点，创新开展工作。安徽省检察院与省政府联合开展促进公共政策兑现和政府履约践诺督察监督；福建省检察机关创新推动将涉营商环境行政检察监督纳入省政府“营商环境数字化监测督导体系”，成为独具福建特色的营商环境监测指标。

今年最高检统一部署开展了“检察护企”专项行动。一是突出加大涉企生效裁判和执行案件监督力度，依法平等保护企业产权和企业家合法权益；二是突出加强涉企社会信用行政检察监督，优化民营企业发展环境；三是突出加强涉企“小案重罚”“过罚不当”等监管执法行政违法行为监督，督促有关行政机关严格规范公正文明执法；四是突出加强涉企行政争议实质性化解，综合运用多种方式解决企业正当诉求。同时，加强与法院、行政执法部门、工商联、行业协会等的沟通联络，建立健全信息共享、联席会议、案件通报、联合督办、协同化解等联动机制，共同依法维护经济秩序，稳定社会预期、提振发展信心。

财新周刊：现实中大量存在行政争议、行政申诉得不到有效解决的现象。最高检如何加强行政诉讼监督，破解不敢监督、监督不力等问题？

张雪樵：行政检察制度相对年轻，但使命很艰巨，还面临不少亟待破解的难题。行政诉讼法颁布到现在30多年，我们要直面很多老百姓“信访不信法”的认识，要反思行政诉讼制度预期的目的，可以说任务还没有完成。中国的法治建设一定是要让老百姓有获得感、安全感，一定要实现“信法而轻访”。

新时代新征程，行政检察答好“加强检察机关法律监督工作”等“必答题”，交好检察工作服务中国式现代化的“必答卷”，就是要积极回应人民群众新期待新要求，找准全面深化行政检察监督的发力点，强化履职，破解不敢监督、监督不力的问题，更好为大局服务、为人民司法、为法治担当。一是要聚焦监督本职，注重破题深化。要以全国人大常委会听取行政检察工作专项报告为契机，落实高质效办好每一个案件的要求，聚焦行政诉讼监督，强化精准监督、一体履职，切实强化行政检察履职，着力办理有影响力、示范性的高质效案件；要立足法律赋予的监督职能，更好地理解法律的精神，包括对法律规定的具体条款，通过创造性的应用方式用好用足，更好地解决行政争议、行政申诉，让人民群众可感受、能感受、感受到公平正义。二是要融入法治体系，狠抓落实见效。行政检察的核心职能是行政诉讼监督，虽然起步晚、基础弱，案件量相对刑事案件少一些，但在检察机关“四大检察”法律监督总体格局中不可或缺，因此要以问题为导向，以监督实效来回答好这个“必答卷”。三是要强化数字思维，提升工作实效。将大数据手段融入行政检察监督，既是新领域、新事物，也是提升行政检察监督质效、破解行政诉讼监督不力难题的重要手段和保障。数字时代要用数字化的方式来破题，今年要深入实施数字检察战略，加大成熟的大数据监督模型的推广应用力度，以大数据赋能行政检察监督提质增效。

（责任编辑：罗欣）

专 论

强化行政检察履职　办好为民实事*

张相军**

中新社：结合最高检工作报告来看，2023年的行政检察工作总体情况如何？呈现哪些新的特点和趋势？

张相军：2023年，最高检新一届院党组和应勇检察长深入贯彻党的二十大关于加强检察机关法律监督工作的部署要求，为新时代新征程行政检察工作把脉定向，强调重在强化履职，实现有力监督。一年来，全国检察机关行政检察部门以主题教育为契机，始终坚持行政检察与民同行，持续落实《中共中央关于加强新时代检察机关法律监督工作的意见》，坚持高质效办好每一个案件，全面深化行政检察监督，努力让人民群众从中有实实在在的获得感。总的看，行政检察监督力度加大，案件总量倍增，诉讼内监督和诉讼外监督全面发展；对人民法院行政生效裁判以及审判和执行活动的监督质效不断提升，行政争议实质性化解持续深化做实；行刑反向衔接和行政违法行为监督统筹推进，稳健有力；护航民生民利专项活动深入推进，在为大局服务、为人民司法、为法治担当方面取得新成效。**一是**以行政诉讼监督为重心，

* 本文原载于2024年3月中新社对最高人民检察院行政检察厅厅长张相军的系列专访，有删节。

** 最高人民检察院行政检察厅厅长。

强化精细化审查，实现高质效履职。加强对下指导，组织开展优秀行政检察法律文书评选，落实修订后行政诉讼监督规则的各项规定，一体推进有力监督与有效监督。强调在书面审查案卷材料的基础上加强调查核实、公开听证、案例检索、专家咨询和跟进监督；落实“应听尽听”要求，制定实施行政检察监督案件听证工作指引；印发《关于建立监督意见未采纳行政诉讼监督案件逐案分析制度的意见》，分清原因，针对性改进工作；深化和规范行政争议实质性化解，综合运用抗诉、检察建议、促成和解、司法救助、释法说理等多种方式促进案结事了；加强大数据监督模型研发应用，实现由个案办理到类案监督到社会治理，行政诉讼监督案件质效明显提升。全年共办理行政诉讼监督案件 7.5 万多件，行政抗诉改变率、行政再审检察建议法院采纳率分别为 82.2%、91.7%，行政审判活动监督和行政执行监督检察建议采纳率 100%，共促进化解行政争议 2.2 万余件。**二是**以专项活动为抓手，强化行政检察履职，办好检察为民实事。组织开展行政检察护航民生民利专项活动，突出加强妇女、老年人、残疾人、农民工等特定群体权益保护，突出护航法治化营商环境，突出道路交通安全和运输执法领域检察监督。全年共办理各类行政检察监督案件 16.8 万余件，同比上升 1.2 倍。**三是**坚持守正创新，统筹推进行刑双向衔接和行政违法行为监督。最高检出台指导意见，构建检察监督与行政执法衔接制度，为完善中国特色社会主义行政检察制度注入新动能。2023 年，对检察机关作出不起诉决定后仍需行政处罚的制发检察意见 11.2 万人，不刑不罚问题得到有效纠正。扎实有序探索推进行政违法行为监督，对在履行法律监督职责中发现的行政机关不作为、乱作为等问题，制发检察建议督促其纠正，有 18 个省份检察机关制定实施意见或者工作指引。

中新社：从发布案例促保障“外嫁女”合法权益，到重点“探索开展涉市场主体行政违法行为监督”，过去一年，行政检察工作在“为民”方面亮点纷呈。能否简要介绍一二，并谈一谈2024年在“民有所呼、我有所应”方面有何新的规划部署？

张相军：2023年，最高检在全国检察机关继续部署开展“全面深化行政检察监督依法护航民生民利”专项活动，要求各地结合实际，围绕就业、教育、社保、医疗、住房、养老、治安、婚姻登记等重点民生领域，以及妇女、老年人、残疾人、退役军人、农民工等特定群体合法权益保护，开展特色“小专项”，高质效办好发生在人民群众身边的每一起“小案”，集中解决一批人民群众急难愁盼与社会治理难题，增强了人民群众的获得感、幸福感、安全感。

各地检察机关以特色“小专项”为抓手，更加有力为大局服务、为人民司法、为法治担当。**一是**聚焦重点领域重点群体保护纾困解忧，集中整治人民群众反映强烈的突出问题。北京、天津、黑龙江、河北、内蒙古、安徽、福建等地检察机关聚焦民生热点开展社会抚养费强制执行、农民工讨薪、冒名婚姻登记专项监督等“小专项”，为群众解民忧办实事。如内蒙古等地检察机关强化农民工权益保护，通过构建“保障劳动者权益薪酬支付”监督模型，帮助农民工讨回薪资2860余万元。**二是**聚焦经营主体发展中的“痛点”“难点”“堵点”，开展行政检察护航法治化营商环境“小专项”。“法治是最好的营商环境”。为落实党的二十大关于优化营商环境的部署，最高检组织护航法治化营商环境“小专项”，全面履行行政检察职能，办理涉产权保护、市场准入、社会信用、监管执法等相关案件2.5万余件，优化经营主体发展环境，促进经营主体守法合规经营。北京、黑龙江、上海、江苏、浙江等地检察机关深入开展“虚假登记”“恶意注销”“空壳公司”“规范涉企行政处罚”等专项监督。各地检察机关立足实际，主动把行政检察护航法治化营商环境“小专项”融入经济社会高质量发展大局，找准行政检察服务保障大局的切入点、结合点和着力点。福建省检察机关创新推动将涉营商环境行政检察监督纳入省政府“营商环境数字化监测督导体系”，成为独具福建特色的营商环境监测指标。安徽省三级检察机关聚焦“新官不理旧账”失信违约行为，依托“府检联动”机制，深入开展促进公共政策兑现和政府履约践诺专项监督，推动一批政策未兑现、协议未履行问题得到解决。最高检护航法治化营商环境专项活动入选全国工商联会同最高法、最高检、公安部、司法部、中国法学会共同组织开展的 2023 年民营经济法治建设“十大护航行动”。**三是**落实中央依法治国办通知要求，最高检组织开展道路交通安全和运输执法领域行政检察监督，聚焦逐利执法、粗暴执法、执法不规范等执法突出问题，加大行政检察工作力度，办理相关案件 1.2 万余件，促进严格规范公正文明执法。河南省新乡市检察院针对起重机运输车辆超载超限、安全管理问题多发的实际情况，对有关主管部门涉嫌以罚代管、一罚了之等问题进行专项监督，查找案件背后暴露出的执法监管、管理衔接等问题，推动系统治理。

以保障“外嫁女”合法权益为例，我们关注到，随着我国城镇化进程的加快，近年来涉土地征收征用纠纷呈现增长态势。农村妇女因婚姻关系、户籍等发生变动，涉及农村集体经济组织成员身份确认、土地承包经营、土地征地补偿或者征用补偿以及宅基地使用等方面的争议更为复杂。集体经济组织中的“外嫁女”权益保护问题成为社会普遍关注的问题。新修订的妇女权益保障法明确规定，妇女享有与男子平等的继承权，妇女依法行使继承权，不受歧视。比如，申请农村土地承包经营权、宅基地使用权等不动产登记，应当在不动产登记簿和权属证书上将享有权利的妇女等家庭成员全部列明。针对有的法院以“外嫁女”与被诉土地使用权登记行为无利害关系为由裁定驳回起诉的案件，检察机关围绕争议焦点，强化调查核实，厘清事实、准确适用法律，以高质效法律监督促进司法公正，维护妇女的合法权益。江苏省检察机关创设“检护芳华”文化品牌，聚焦“外嫁女”住房权益保障、女职工劳动权益保障、生育补贴落实等，督促相关职能部门履职，保障妇女权益。最高检会同全国妇联共同选编了 6 件维护农村妇女涉土地合法权益行政检察典型案例，引领各地加大对涉及农村妇女合法权益的行政诉讼、行政非诉执行案件的监督力度，更好维护妇女合法权益。

2024 年，行政检察将坚持以人民为中心，坚持从政治上着眼，从法治上着力，坚持“民有所呼、我有所应”，高质效办好群众身边每一个“小案”，努力让人民群众的获得感、幸福感、安全感更充实、更有保障、更可持续。**一是**积极参与“检护民生”专项行动，持续做实检察为民。总结护航民生民利专项活动和道路交通安全和运输执法领域行政检察监督经验做法，抓好建立的衔接工作机制的落实，运用各地特色小专项成果，围绕就业、社保、养老等重点民生领域，聚焦农民工薪资、劳动者工伤保险和老年人、“外嫁女”合法权益保护，以及冒名婚姻登记等突出问题，充分发挥行政检察监督职能，解决群众急难愁盼。积极参与根治欠薪专项行动，与工会等部门加强协作，加强劳动者特别是灵活就业和新就业形态劳动者权益保障。深化道路交通安全和运输执法领域检察监督，促进出行安全。服务乡村全面振兴，将行政检察与推动平安乡村、法治乡村、美丽乡村建设紧密结合，强化“三农”工作司法保障。**二是**积极参与“检察护企”专项行动，护航法治化营商环境。突出加大涉企生效裁判和执行案件监督力度，依法平等保护企业产权和企业家合法权益；突出加强涉企社会信用行政检察监督，优化民营企业发展环境；突出加强涉企“小案重罚”“过罚不当”等监管执法行政违法行为监督，督促有关行政机关严格规范公正文明执法；突出加强涉企行政争议实质性化解，综合运用多种方式解决企业正当诉求。加强与人民法院、行政执法部门、工商联、行业协会等的沟通联络，建立健全信息共享、联席会议、案件通报、联合督办、协同化解等联动机制，共同依法维护经济秩序，稳定社会预期、提振发展信心。

中新社：检察机关承担着行政裁判结果监督、行政审判活动监督、行政诉讼执行监督等职责。在长期处理“民告官”案件过程中，检察机关形成了哪些行之有效的经验？在拓展“官民”面对面沟通渠道方面做了哪些工作？对于当前社会依然普遍认为“民告官难”的问题，检察机关又将采取哪些举措？

张相军：检察机关的行政诉讼监督覆盖行政案件受理、审理、裁判和执行的诉讼全过程，涉及众多行政执法领域和行政行为类型，直接关系公民、法人和其他组织的合法权益。行政诉讼监督事关官民和谐、事关群众切身利益、事关法治国家、法治政府、法治社会一体建设，在长期处理“民告官”案件过程中，我们立足行政检察职能，按照最高检党组要求，以行政诉讼监督为重心，以高质效办好每一个案件为基本价值追求，努力解决好“民告官”难题。近几年在行政检察实践中形成了一些行之有效的经验。比如，对重大疑难复杂案件坚持一体履职。检察一体化是检察权运行的基本规律，也是办理重大疑难复杂案件的制胜法宝。一些进入检察环节的“民告官”行政案件法律关系往往错综复杂，牵涉面广，经过一审、二审和再审“程序空转”问题仍不同程度存在，有的还涉及案件集中管辖地与被诉行政机关所在地不同地域，这些案件就需要发挥检察机关的组织优势，加强上下联动、横向协作、内部统筹，形成法律监督整体合力，由上级检察院统一调度检察资源，下级院发挥属地优势，检察长加强领导，集中力量破解办案中的难题，实现有力监督。再如，坚持把行政争议实质性化解贯穿办案始终。审查行政诉讼监督案件践行穿透式监督理念，坚持“一案三查”，既审查人民法院生效裁判有无错误和审判活动有无违法，又审查被诉行政行为是否合法；还要审查行政争议有无实质性化解的可能，并在审查终结报告中作出说明，坚决避免就案办案、程序了结。又比如，坚持依法能动履职。注重把个案办理和类案监督有机结合起来，从解决具体问题向完善制度、推进治理延伸，促进解决一个行业或者一个领域的突出问题，在办案过程中实现“办理一件影响一片”的效果。

在拓展“官民”面对面沟通渠道方面，我们重点围绕加强检察听证，深化落实“应听证尽听证”要求。专门出台《人民检察院行政检察监督案件听证工作指引》，规范行政检察监督案件听证程序。对于在事实认定、法律适用、案件处理等方面存在较大争议，或者有重大社会影响，需要当面听取当事人和其他相关人员意见的，都要召开听证会，搭建“官民”对话交流和司法民主参与的平台，把办案过程“晒出来”，案件处理依据“亮出来”，以群众看得见、听得懂、能接受的方式释法说理，以公开促公正赢公信。

当前“民告官难”的问题在一些地方仍不同程度存在，行政相对人“有案诉不成”“有理诉不赢”还是行政诉讼监督的“死角”。针对这些问题，我们经持续深化习近平法治思想的检察实践，落实“法治建设既要抓末端、治已病，更要抓前端、治未病”的要求，统筹推进行刑双向衔接和行政违法行为监督，构建检察监督与行政执法衔接制度，促进行政机关严格公正规范文明执法，努力把个案办理—类案监督—社会治理的链条拉得更长、做得更实，推动“民告官”行政争议的系统治理，从源头上减少行政争议的发生。一方面，聚焦行政相对人“有案诉不成”“有理诉不赢”等行政诉讼监督的“死角”，加强对被诉行政行为的合法性审查，通过检察建议督促行政机关纠正违法。另一方面，持续聚焦特定公民、法人或者非法人组织等行政相对人的合法权益保护，既重视对行政诉讼案件涉及行政违法行为的监督，又关注行政相对人“不敢诉”或者“不懂诉”等原因尚未进入诉讼程序案件的行政违法行为，善于选择监督切入点，把握好监督效果，重点加强对违法行使职权或者不行使职权这一类“事”的监督，“行为”的监督，同时加强与监察机关的衔接协作，发现公职人员涉嫌违纪违法或者职务犯罪的，及时移送。

中新社：请您谈谈展望 2024 年，七厅如何答好行政高质量发展、行政检察工作现代化等“命题”？

张相军：以中国式现代化全面推进强国建设、民族复兴，是新时代新征程党和国家的中心任务，是新时代最大的政治；高质量发展是全面建设社会主义现代化国家的首要任务，是新时代的硬道理。最高检党组和应勇检察长强调，要主动融入和服务党和国家大局，以检察工作的现代化服务中国式现代化，坚定拥护“两个确立”，坚决做到“两个维护”，持续擦亮新时代新征程检察机关的鲜明政治底色，让“高质效办好每一个案件”成为新时代新征程检察履职办案的基本价值追求。这些都对行政检察工作提出了新的更高要求。行政检察是“四大检察”法律监督新格局的重要组成部分，实现“四大检察”全面协调充分发展，加快推进检察工作现代化，离不开行政检察工作的高质量发展，离不开行政检察工作理念、体系、机制、能力的现代化。特别是行政检察工作起步晚、底子薄，更需要加大力度、加快发展，更需要持之以恒抓基层打基础强素能，夯实行政检察高质量发展根基。

展望 2024 年，我们将深入贯彻习近平法治思想，深入落实《中共中央关于加强新时代检察机关法律监督工作的意见》，全面落实全国检察长会议部署，以全国人大常委会听取和审议最高检行政检察工作专项报告为契机，紧紧围绕中国式现代化这个最大的政治，坚持为大局服务、为人民司法、为法治担当，以高质效办好每一个案件为基本价值追求，以强化履职、实现有力监督为目标，以行政检察工作现代化为动力，全面深化行政检察监督，全面加强新征程行政检察工作。**一是**推进行政检察工作理念现代化。深入践行中国特色社会主义检察理念，教育引领广大行政检察人员坚持党对检察工作的绝对领导，坚持为大局服务、为人民司法、为法治担当，坚持讲政治与讲法治有机统一，坚持高质效办好每一个案件，坚持"四大检察"内在统一于法律监督宪法定位，坚持敢于监督、善于监督、勇于自我监督，持续推进习近平法治思想的检察实践。**二是**推进行政检察体系现代化。完善行政检察组织体系，从"四大检察"基本格局出发，从组织机构上把行政检察立起来。完善行政检察职能体系，构建诉讼内监督与诉讼外监督双轮驱动，以行政诉讼监督为重心，以行政争议实质性化解为牵引，以行刑反向衔接和行政违法行为监督为新的增长点，上下级检察院各有侧重、上下一体、全面履职的行政检察工作格局。**三是**推进行政检察工作机制现代化。完善行政检察质效保证机制，完善重大案件上下联动、异地协作、内部统筹的一体化办案机制；建立业务数据分析和通报机制，完善分片指导、抗前指导机制，加强行政检察业务管理，发挥业务数据质量指标"风向标"作用；落实行政检察监督案件公开听证工作指引，坚持应听尽听，做实可感受能感受感受到的检察为民；落实重大行政诉讼监督案件报告协调机制和监督意见未采纳案件逐案分析制度，全面提升监督精准性。完善行政检察外部协同体系，建立行政抗诉、再审检察建议案件人民法院和检察机关相互通报以及矛盾纠纷共同化解机制；探索法治督察与法律监督协同衔接机制，构建检察监督与行政执法衔接制度。**四是**推进行政检察监督能力现代化。坚持以政治建设为统领，狠抓队伍专业化建设，切实加强基层建设，持续讲好行政检察故事，深化行政检察理论研究。

深入实施数字检察战略，强化大数据赋能行政检察，落实“业务主导、数据整合、技术支撑、重在应用”的数字检察工作模式，强化数字思维，提升数字能力，坚持立足检察自有数据和合理使用行政审判、行政执行和行政执法数据相结合，推进覆盖行政检察主要业务类型的大数据监督模型应用场景体系化建设，推广效果好、成本低优秀监督模型，推动行政检察办案模式从“个案为主、数量驱动”向“类案为主、数据赋能”转变，实现行政检察高质量发展，助力检察工作现代化，更好服务中国式现代化。

（责任编辑：罗欣）

全面优化行政检察发展要素
有力有效监督制约司法活动

谈 固*

检察机关是在诉讼程序中履行监督职能的专责部门。行政诉讼监督职责的行使，不仅直接关系司法公正，也检验着我国法治政府建设的成效与决心。湖南省行政检察监督对标新时代新征程党和人民的更高要求，全面优化行政检察发展要素，加强对司法活动的监督制约，着力强化检察履职，实现有力有效监督，切实维护司法公正。

一、优化理念，确保行政检察事业行稳致远

理念是行动的先导，理念一新天地宽。行政检察工作现代化，最重要、最关键的是不断更新理念。要坚持推进检察工作理念现代化，以监督理念现代化统领、引导、促进各项行政检察工作现代化。

一是落实从政治上着眼、从法治上着力理念。从政治上着眼，紧扣党和国家中心任务、首要任务履职尽责。党的中心工作推动到哪里，检察工作就要跟进到哪里。最高检应勇检察长强调，检察机

* 湖南省人民检察院党组成员、副检察长。

关要主动服务和融入党和国家工作大局，充分运用法治力量服务中国式现代化。行政检察履职的“自转”要融入经济建设中心工作和高质量发展的“公转”，跟进服务重大战略部署，展现检察担当。要围绕全省高质量发展中心工作，充分履行行政检察职能，以高质效法律监督，推动实现湖南省“三高四新”美好蓝图、服务保障长江经济带发展、推动乡村全面振兴。要聚焦优化法治化营商环境和助力防范化解经济金融风险，积极与当地工商联等建立服务民营经济沟通联系机制，加大涉民营企业平等保护力度，扎实开展“检察护企”“三高四新·法治护航”专项行动。

从法治上着力，自觉坚持法治思维，紧紧扣住“依法”这个关键履行法律监督职责。检察机关作为国家的法律监督机关，要坚持法治思维、法治方式，遵循法律规定、法定精神，依法履行行政检察职能，推动行政检察高质量发展。对于符合监督条件的司法活动，坚决依法开展监督，避免一些确有错误的行政生效裁判和非诉执行行为以历史遗留问题、法治政府考核、法院考核机制等考量为由成为监督的漏网之鱼。

从办案上着手，以高质效检察办案实现政治效果、法律效果和社会效果有机统一。从政治上着眼，从法治上着力，最终都要落实到具体的检察工作实践中。全面履行行政检察监督职责，找到履职办案的“最优解”。监督办案绝不仅仅是证据审查、法律适用的过程，更是国家治理、社会治理的重要一环。要延展履职链条，从个案办理到类案监督再到社会治理，把这个链条拉得更长、做得更实，这是办案境界的升华，也是监督层次的提升。要扎实做好监督办案“后半篇文章”，自觉把监督办案融入国家治理大格局中考量，努力把办案效果从一案一事向更广范围、更高层次拓展，用好检察办案资源去促进行业、社会弥补管理中的漏洞、缺失。

二是落实人民至上、检察为民理念。落实以人民为中心的发展思想，以满足人民群众日益增长的美好生活需要为出发点和落脚点，持续做实人民群众可感受、能体验、得实惠的检察为民。深入开展“检护民生”专项活动，围绕就业、社保、养老等重点民生领域，强化对农民工、残疾人、外嫁女、老年人等特定群体合法权益的保护，解决好冒名顶替、弄虚作假的婚姻登记等群众急难愁盼问题。要办好检察为民实事，特别是从灵活就业、新就业形态劳动者权益保障等方面着手，拓展监督新领域、深化行政争议实质性化解。行政诉讼属于民告官的诉讼，具有类案效应，一个案件牵引着一个机关的执法倾向。行政检察如能深入践行检察为民理念，则能很好地消弭老百姓容易产生的“官官相护”想法，可以引领行政机关今后依法行政、执法为民的法治实践。

三是落实“双赢多赢共赢”理念。法律监督不是零和博弈，监督机关与被监督机关责任是共同的，目标是一致的，赢则共赢，损则同损。正确认识检察监督的职能定位，树立正确的监督理念，坚决摒弃我对你错的对抗式监督理念，坚持双赢多赢共赢的监督理念。注重监督与被监督的良性互动、检察机关与其他机关的协作配合，与审判机关、行政机关形成积极的工作关系，使法律监督在主观和客观方面都发挥促进和保障执法司法机关更全面更深刻理解法律、共同履行好职责的作用，共同运用政治智慧、法律智慧推动解决问题，凝聚法治“最大公约数”，维护法律统一正确实施，维护人民群众根本利益。

四是落实高质效办好每一个案件理念。高质效办好每一个案件是新时代新征程检察履职办案的基本价值追求，也是实现“让人民群众在每一个司法案件中感受到公平正义”的基本路径。要切实把公平正义这一原则性、基础性要求在实体、程序、效果上落到实处。行政检察监督的实效取决于监督的精准程度，必须秉持精准监督理念，全面提升监督精准性，在完善重大案件上下联动、异地协作、内部统筹的一体化办案机制的同时，抓好分片指导、抗前指导机制。落实重大诉讼监督案件报告协调机制和监督意见未采纳案件逐案分析制度，保证监督质效真正把准司法不公问题的抗点和监督点，让被监督者心服口服，让行政检察监督更具生命力和权威性。

五是落实“在办案中监督、在监督中办案”理念。正确把握办案与监督的关系，办案与监督是不可分割的、共存一体的法治产品、检察产品。监督若不与办案相结合，监督便不能落到实处，办案若不体现监督价值，则办案失去重心和方向。办案与监督相辅相成，二者不可偏废。要辩证把握检察监督与人民法院依法审判和行政机关依法执法的关系，保障办案结果与监督结论的协调统一，注重在每一项具体监督工作中，坚持和拓展“寓监督于支持”“监督就是最大的支持”的特殊优势，不断提高履职办案质效。

二、优化方法，努力提升行政检察监督办案质效

检察机关要始终聚焦办案这一主责主业，深入践行“高质效办好每一个案件”理念，筑牢高质效办案根基。高质效办好每一个案件，既要讲科学，也要讲艺术；既要注重依法进行，又要注重积极履职，是确保新时代能动检察落实落细的重要展现。

一是发现线索，拓展案源。针对提出抗诉、再审检察建议和提请抗诉的监督规模问题，健全分层次分领域分地区的对下指导机制，加强对重大、疑难以及认识分歧案件的个案指导，灵活运用专业指导、分片指导和检察官教检察官等指导模式。省院、市级院要用好监督案源，未破零的要分析原因，提出对策措施。集中管辖院要充分发挥好依职权监督职责，培养对涉及“两益”案件、撤诉或视为撤诉、婚姻登记、强制拆除等类型案件可监督内容的敏感度，提升案源挖掘能力。针对不敢监督、监督不力等问题，行政生效裁判监督要重点关注最高法或者省高法发回重审或者指令再审时有明

确纠正意见而下级法院审理后维持原判的、同类案件裁判结果不同的、裁判结果与审委会或者合议庭主要意见矛盾的，及其他类型案件。要积极探索规范依职权监督案件办理机制，深挖损害国家、社会公共利益和审判执行人员贪污受贿等各类生效裁判案件的监督点，加大对法院不立案等问题的调查研究，发现监督线索。

二是严审细查，确保质量。加强精细化审查，分析法院裁判类型、特点和裁判规则，审查法院裁判对案件事实认定、举证责任分配、证明标准把握、法律规范适用是否符合规定，在此基础上精准选择监督点。对在司法理念、政策导向、法律适用方面有创新、引领、纠偏价值的案件，深入开展监督。注重通过特定个案突破特定领域法治建设的藩篱，向前推进相应领域法治进步。加强调查核实。要用好“两高”关于调阅民事、行政诉讼和执行案件卷宗副卷有关问题的规定，对审委会或者合议庭存在重大意见分歧的、民事生效裁判和行政生效裁判互为牵连的、法院尚未形成统一裁判意见的新类型案件，重点查找抗点。要用足用好调查核实权，从案卷中走出来，从办公室走出来，从检察机关走出来，以亲历性保障准确性、实效性，以法律事实最大限度地还原客观真实。积极主动调取新证据。实践证明，对检察机关以新证据提出监督意见的案件，人民法院几乎没有抵触和对抗情绪，提出监督意见被采纳的成功率较高。

三是借助外力，破解难题。通过借助专家“外脑”、引入专业判断、数字赋能等方式，邀请专家学者、执法人员、人大代表、政协委员等召开专家咨询论证、公开听证，严把案件事实关、证据关、法律适用关。充分运用好存储、保留和管理的基础工作数据，让过去的数字活起来，让现在的数字活下去。积极推动政法系统数据共享，建立健全数据交换、线索移交机制。充分运用好互联网线索举报、网络舆情信息等公共渠道的数据资源，优化数据价值。构建更多可复制可推广的监督模型，积极落实“业务主导、数据整合、技术支撑、重在应用”的工作模式，指导各地结合实际研发本地行政检察法律监督特色模型，着力破解监督线索发现难、案件程序瑕疵、司法行为不规范等问题。运用大数据充分挖掘类案背后存在的制度和机制问题，推动检察监督向社会治理延伸。

四是加强沟通，增进共识。与相关司法机关、政府职能部门共同研究制定行政复议、行政诉讼、行政生效裁判监督案件的评审标准及细则，促进统一办案标准和法律政策适用尺度。共同出台特殊类型案件办案指引，细化该类案件需要查明的事实以及证据认定、法律适用等审查重点，统一认定标准。坚持完善行政检察外部协同体系，推动人大代表建议与检察建议双向衔接转化，建立行政抗诉、再审检察建议案件人民法院和检察机关相互通报以及矛盾纠纷共同化解机制，构建检察监督与监察执法、行政执法衔接制度，健全检法协作配合通道。

三、优化机制，强化行政检察监督保障

探索和巩固对司法活动的监督制约的制度机制，是提升法律监督质效的重要举措。优化完善检察机关各项法律监督工作机制，将制度“财富”转化为监督办案实效，对实践积累的行政检察制度财富，进一步完善、维护好，确保机制落地见效，对强化法律监督、维护司法公正具有长远意义。

一是优化一体履职、跟踪问效机制。检察机关职能重塑、机构重组已基本完成，机制重构的任务现实而紧迫。在诸多检察工作机制中，最先被提及的是“健全依法一体履职、综合履职、能动履职机制”。对司法活动的监督制约，要上下一体，跟进监督，增强刚性。构建分级负责、逐级领导、信息畅通、指挥有效的纵向一体机制，确保纵向贯通、上下联动、互相借力，共同履行好法律监督职

能。坚持依法接续监督和协同监督，提升法律监督效能。要左右一体，增强合力。建立健全刑事、民事、行政、公益诉讼检察等业务条线、部门之间的横向协作机制，做到刑事检察、民事检察、行政检察、公益诉讼检察四责同履，实现“四大检察”一体协同，综合履行四项法律监督职责。要区域一体，相互协同。各地要加强配合协调，充分发挥各自的制度优势、地理优势、资源优势，做好做实行政检察监督工作。要内外一体，支持监督并存，沟通协作并举，增强效果。建立健全配合衔接机制，积极开展检察监督、监察执法与行政执法协作机制试点，探索建立行政检察监督与人大执法检查、政府行政执法监督贯通协调等机制。

二是优化府检联动、法检联动机制。坚持监督与治理融合，以检察监督助力解决行政执法堵点、难点问题，通过年度法治报告、代表委员意见建议双向转化等方式，当好党委政府的法治参谋。结合监督办案，既要抓末端、治已病，更要抓前端、治未病，深入剖析案件反映的倾向性、普遍性问题，制发社会治理检察建议，推动从“办理”向“办复”转变，确保做实诉源治理，更好服务源头治理大局。完善行政检察与行政执法、行政复议、行政诉讼衔接机制，建立依法行政联席会议机制，共同研究解决执法司法实践发现的问题。同时，注重通过个案剖析、“法检”评议、行政检察监督态势分析研判等途径，向党委、人大专项报告可能影响司法公正风险和法律政策实施风险，加强对司法活动的监督。

三是优化精细指导、增强刚性机制。着力提高监督成功率。做实行政生效裁判监督案件提请抗诉和提出再审检察建议案件向上汇报制度。对行政审判活动违法和行政执行违法监督中发现的文书瑕疵、超审限、送达不合法等多发常见问题，继续强化依职权审查。通过梳理一定时期内发现的类似问题，推进类案监督向诉源治理延伸，着眼于深层次问题监督，着力优化检察建议质量，做成精品类案。坚持对事监督与对人监督相结合，拓展监督触角向深层次违法监督转变。建立诉讼监督与司法工作人员惩戒衔接机制。注重与纪检监察机关、法院惩戒委员会、刑检部门、侦查部门的线索共享与移送。综合运用智能排查、深入调查、移送侦查等方式增强监督刚性。

四是常态评查、查纠整改机制。健全多层次、常态化的案件质量评查、自查机制，加强内部监督，挤出数据水分，定期开展类案群发、格式化办案的案件质量评查，狠抓督查指导。细化行政检察案件评查标准，对优秀、合格、瑕疵案件评查标准进行完善，与其他案件类型保持整体同步。对行政生效裁判监督案件中的不支持监督申请案件进行认真梳理，确保不支持监督申请案件中没有“能抗未抗、该抗不抗”的案件。重点评查结案后申请人继续申诉的案件，以及法院或行政机关未采纳检察机关意见的案件。建立健全整改落实督促机制，坚持发现问题和整改工作“双管齐下”，查纠问题与推进工作融合贯通，使内部监督管理实效转化为外在检察公信力。

四、优化效果，不断增强行政检察知晓度和美誉度

提升行政检察知晓度和美誉度，重在在每一个个案办理中呈现出精品化标准；实体上，确保案件实现公平正义；程序上，确保公平正义更好更快实现；目标上，公平正义要让群众可感受、能感受、感受到，推动好的办案质量转化为好的办案效果。

一是兼顾天理国法人情，做到法通理也通。为人民司法、让人民满意是一切检察工作的出发点和着力点。高质效办案，要确保公平正义让人民群众看得见、摸得着、可感知，办案需融天理、国法、人情于一体。办案中要善于弘扬中华优秀传统文化，既坚持法度如山、依法办事，又坚持法者若水，灵活运用政策和伦理，做到

天理、国法与人情兼顾，多输送人民群众广泛接受和发自内心认同的公平正义。要在司法的实质公正、行政争议的实质性化解方面下功夫，依法依理提出监督意见。对因案致贫等情形，积极开展司法救助。

二是强化释法说理，做到口服心也服。以“如我在诉”“止于至善”境界，把实质性化解矛盾、解决问题作为目标和导向，把案结事了、服判息诉的功课做到极致，谨防因工作粗疏、不尽职责引发后续信访和诉讼程序。增强群众工作能力，运用群众能够听懂的语言、能够理解的逻辑、能够接受的方式方法去解决问题。坚持以法为据、以理服人、以情感人，既要义正词严讲清“法理”，又要循循善诱讲明“事理”，感同身受讲透“情理”，让各方当事人胜败皆明、心服口服。通过检察宣告、释法说理，促使当事人充分认同监督结果、服判息诉，让可感触的公平正义“飞入寻常百姓家”。

三是巩固工作成果，做到今好后也好。既要树立“过河先搭桥”工作理念，又要用活“总结复盘”工作方法，特别是每开展一个新领域的专项活动，都要积极争取与对应行政机关建立协作机制、与人民法院完善沟通协调机制，研究解决执法司法实践难题，对各方职能定位、监督范围、履职界限、协作方式等内容予以规范明确。既要用活“用精品案例指导我办案”办案方法，又要树立“我要办精品案件”办案目标，紧紧围绕案件审查、调查核实、法律适用、政策把握、监督跟踪等重点环节选编、学习、总结和培育指导性案例和典型案例，持续巩固和输送高质效的司法办案活动。

四是加强法治宣传，做到内香外也香。做好案件办理“后半篇文章”，传递司法温度。运用主题采访、理论文章、评论、新媒体策划等项目化、集约化多种方式，持续宣传全面推进行政检察监督工作现代化等方面亮点成效和典型案例。着力提升检察宣传的法治引领力、文化引领力、价值引领力，深入宣传行政检察监督服务党和国家大局的担当作为、推进法律监督全面深化改革、促进司法公正的监督实践、提升新时代法律监督质效的探索成果，充分展示行政检察工作在法治政府建设中的地位、作用，让更多的人在更长的时间里不断理解、认同、赞美行政检察工作，为推进检察工作现代化汇聚强大精神力量。

五、优化队伍，持续夯实行政检察基础

习近平总书记对政法工作作出重要指示，强调要锻造忠诚干净担当的新时代政法铁军。要深化人才强检战略，着力抓好能力现代化，加快建设高素质专业化行政检察队伍。行政检察队伍既要政治过硬，也要本领高强。新征程上做好行政检察工作，离不开包括人才培养在内的全方位工作推进。

一是数量充足。“人才是第一资源”，行政检察工作发展的关键是人，行政检察工作高质量发展离不开过硬的检察队伍。要积极破解专职从事行政检察的人员和具有行政法知识背景的人较少的困境，加强行政检察人员力量配备，提供人才保障。突出检察官的办案主体地位，推动更多人力资源投入办案一线，让优秀人才流动到办案一线，减少不必要的管理层级，实现专业化办案与扁平化管理相结合。

*二是机构明确。*民行检察在市州、基层多为“二合一”组织架构，在法院审级职能定位改革、行政诉讼和复议体制改革大背景下，各地反复提及人员“不专”、队伍“不齐”的问题。对此，最高检强调，有条件的地市级院要争取单设，基层院要保证有检察官或者办案组专门负责，从“四大检察”基本格局出发，从组织机构上立起来。组织机构改革机遇和风口稍纵即逝，各地要提前谋划部署，科学应变、主动求变，有条件的市州要迎头赶上，没条件的市州要积极争取、创造条件，不能抱着“鸵鸟心态”刻意逃避，更不

能“躺平”“看戏”，能设的要设专门的行政检察业务部门，不能设的要设立专门的行政检察办案组，至少配备一名员额检察官专门办理行政检察案件。

三是结构合理。注重把握配备行政检察人员的年轻化要求，发挥好“老民行”检察人员的传帮带作用。统筹做好专业领域检察人才招录、培养等工作。坚持“内调外引”，兼顾老少两头，把握行政检察人员配备的年轻化要求，引领扣好入职的第一粒纽扣。抓好强弱两级，避免对工作能力“弱”的放任无为，杜绝对工作能力“强”的鞭打快牛，使行政检察人员专业结构、年龄结构、学习结构、性别结构更加合理。

四是素能全面。要使行政检察人员“全”的基础愈发重要，“专”的优势愈发凸显，必须把法律知识和专业领域知识结合应用好。坚持政治挂帅，专业为先，作风过硬。建立健全人才交流、同堂培训、联合调研、业务研讨等机制，持续夯实能动检察的专业能力基础，锻炼培养一批行政检察领军人才。突出分类分级，细分专业领域，充分发挥行政检察人才库和业务竞赛“标兵”“能手”作用，培育各类别、各地区行家里手和专业团队。

（责任编辑：罗欣）

依法一体履职　凝聚监督合力
构建新时代行政检察现代化大格局

郭　霞*

检察一体化，既是检察权运行的基本原则，也是检察机关组织原则的一项重要内容，要求检察机关坚持系统观念，树牢“一盘棋”思想，在监督办案一体化模式下，不断增强法律监督合力，拓展法律监督的广度和深度，提升法律监督质效。近年来，黑龙江省检察院认真贯彻落实最高检新一届党组的要求，依法一体履职、综合履职、能动履职，实现了队伍建设一体化、检察履职一体化、内外联动一体化，不断开创法律监督工作现代化新局面。

一、坚持机制引领，实现队伍建设一体化

黑龙江省检察院牢牢把握检察一体履职的核心特点，通过不断加强一体化机制建设，打造行政检察一体化办案的向心力，凝聚全省行政检察队伍工作合力，有效解决行政检察队伍人员少、力量弱的现实困难，高质效履行监督职责。

（一）健全工作机制，凝聚履职合力

一是构建行政检察一体化工作格局。省院制定下发《关于健全

* 黑龙江省人民检察院党组成员、副检察长。

行政检察工作一体化机制的有关暂行规定》，明确省院可在全省行政检察条线统一指挥、调配办案力量，高效整合办案资源。通过调用下级人民检察院员额检察官和检察官助理协助办理上级检察院受理的行政检察监督案件、联合办理各类专项活动案件，解决上级院案件集中、人员力量不足的问题，并在办案实践中点对点传授办案经验，进一步统一执法司法尺度，共同提升办案能力。近年来，全省三级院一体办理案件160余件。二是建立联动化解行政争议工作机制。制定下发《全省行政检察部门联动办理行政争议实质性化解案件工作办法（试行）》，针对行政生效裁判案件矛盾纠纷发生在基层院所在地，但当事人申请监督案件主要集中在省市两级院的特点，明确上级检察院行政检察部门根据争议化解工作的需要，可与下级检察院联动化解行政争议，下级检察院行政检察部门认为案情疑难复杂或开展争议化解工作有其他困难的，也可以报请上级院行政检察部门指导、协调。在化解工作中，上级院发挥指挥、协调、督导作用，下级院发挥熟悉当地情况、就近就便开展协调化解工作的优势，上下分工协作、密切协调配合，一体推进行政争议化解工作。2020年以来，全省三级院一体化解行政争议120余件。三是建立行政诉讼案件集中管辖后的监督工作机制。为做好行政诉讼监督与人民法院跨行政区域集中管辖行政案件衔接工作，在广泛调研全国各地集中管辖检察院行政检察监督工作基础上，依据最高检《关于做好行政诉讼监督与人民法院跨行政区域集中管辖行政案件衔接工作的意见》精神，制定《关于行政诉讼集中管辖后行政检察监督工作指导意见》，明确涉及集中管辖改革的检察机关要坚持检察一体办案原则，要求涉及集中管辖改革的哈铁分院和各地方院合力办理行政诉讼监督案件，联动化解行政争议，确保集中管辖后行政检察监督工作质效。

（二）细化办案规程，统一办案标准

一是规范调查核实活动。制定《黑龙江省人民检察院行政诉讼监督案件调查核实办法（试行）》，统一检察人员在办理行政检察案件过程中开展调查核实的条件、措施、程序及调查核实的保障措施的主要内容，为检察人员审查行政诉讼监督案件时，向有关单位、个人进行证据调查或者核实情况活动明确了统一的制度规范，有效提升了办案质效。省院在办理某公司与某房地产登记中心检察监督案过程中，承办检察官调取了14年前检察机关职务犯罪案件侦查卷宗以及行政机关内部处理文件，获得了申请人无法取得的能够证明案件事实的关键证据，最终4件抗诉案件全部获得改判。二是规范公开听证活动。制定《黑龙江省检察机关行政诉讼监督案件听证的暂行办法》，细化组织召开听证会的目的、条件及程序。通过明确检察人员应当围绕事实认定、法律适用和案件处理等内容组织听证，督促检察人员切实把公开听证作为审查办理案件，化解矛盾纠纷的重要手段，避免为听证而听证。通过规范听证程序，让人民群众感受到检察机关监督办案的严谨和公正，充分践行以人民为中心的办案理念。近年来，全省检察机关在开展行政争议实质性化解工作中共组织召开听证会420次，较好地发挥了公开听证化解争议的作用。三是规范监督办案程序。考虑行政案件涉及专业领域多、专业技术性强的特点，要求检察人员把专家咨询作为提请抗诉案件的必要程序，有效运用各级专家咨询委员会和最高检搭建的民事行政专家咨询网，借助“外脑”为检察办案提供辅助支持。省院聘任省自然资源厅执法业务骨干作为特邀检察官助理，协助办理专业领域案件，解决专门领域疑难问题。

（三）优化人员制度建设，夯实人才支撑

一是组织机构单设。省院党组积极贯彻落实全国检察长会议精神，推动市（分）院单独设立行政检察部门，全面加强新时代行政检察队伍建设。全省16个市级检察院中，除农垦、林区院外，全部单独设立了行政检察部门。省院及时组织对机构单设后人员配置情况开展调研分析，专门剖析行政检察队伍建设中存在的突出矛盾和问题，针对性提出对策意见，推动进一步强化行政检察队伍建设，夯实行政检察工作高质量发展根基。二是组织跟班培训。为解决行政检察案件量逐年递增和新业务逐年拓展，市县两级检察院行政检察人员队伍力量短缺和能力素质较为薄弱的实际困难，省院自2021年起采取“跟班轮训”方式，抽调市分院和基层院行政检察人员到省院机关参与案件办理。通过实务训练、跟班学习，提高干警执法办案、释法说理、化解矛盾等多方面能力，为基层培养业务骨干。近年来，已先后组织6批次18名基层院干警到省院参加轮训。三是组织培训和竞赛。每年组织全省行政检察业务骨干专业集训，围绕行政诉讼监督主责主业，以及行政争议实质性化解、行政非诉执行监督、行政违法行为监督等专题授课，推动行政检察条线干警提高业务能力。分别联合省自然资源厅执法局、省司法厅开展同堂业务培训，交流研讨推进专项工作中遇到的难点问题，推动土地执法查处领域行政非诉执行监督专项活动和司法行政强制隔离戒毒检察监督工作。举办首届全省行政检察业务竞赛，评选出行政检察业务标兵10名，业务能手15名。推荐3名标兵参加全国行政检察业务竞赛，1名选手获评全国行政检察业务能手称号。

二、坚持机制引领，实现检察履职一体化

黑龙江省三级院行政检察部门牢固树立“一盘棋”意识，依法

一体办理行政裁判案件、上下联动化解行政争议，一体推进融合履职的法律监督工作新模式。

（一）以上率下，办理疑难案件

一是领导带头办案。全省各级院检察长、分管副检察长充分发挥“关键少数”作用，包案办理重大疑难案件，取得了良好的办案效果。省院领导包案办理“宋某诉黑龙江省某市某区政府行政行为违法及赔偿监督案”，亲自开展调查核实，面对面与行政机关、申请人沟通协调，全面细致了解案件事实经过，精心筹划组织召开听证会，搭建平等对话平台，彰显公平正义，最终促成当事人和解。该案为处理群体访案件作出良好示范，被评为2022 年度行政检察优秀案例。二是省院牵头办案。省院机关积极发挥示范引领作用，对重大疑难案件，依法依规提办、领办、督办；对有重大影响和典型意义的案件全程跟踪督导；对长期未结案、可能存在证据认定和法律适用问题，或涉及土地征收、房屋拆迁等矛盾冲突较为集中的涉众型案件挂牌督办。2023 年，省院针对市院受理的某厂诉某区某镇人民政府行政赔偿案引发网络舆情实际，组织省市区三级院人员成立处置专班，多次联合会商案件，分析案件情况，研判舆情态势。最终该案在法院立案，舆情得到有效化解。三是联席会议研判疑难。通过检察官联席会议集思广益，细致解读案件事实，研判法律适用和化解疑难争议的思路，为承办检察官提供高价值的参考意见，强化对拟向省法院提出抗诉或检察建议案件、向最高检提请抗诉案件，或者其他重大、疑难、复杂案件的审查办理。2020 年以来，黑龙江省行政裁判案件提出抗诉、提请抗诉和抗诉改判等多项数据位居全国前列。省院七部被评为全国优秀办案团队，荣立集体二等功。

（二）跟进监督，接续接力履职

一是有效运用监督方式。省院要求对于再审检察建议未被法院采纳，但判决、裁定确有错误，应依法启动再审的案件，依法提出抗诉，做到“再审检察建议”“抗诉”两种监督手段“刚柔并用”“承前启后”，接续接力监督，打好监督组合拳，着力解决“不敢监督，监督不力”问题。2023年，七台河市院1件再审检察建议未被采纳，经研判，省院连同与该案涉及同类争议的10件案件一起向省法院提出抗诉。二是有力跟进监督。省院积极落实最高检《关于建立监督意见未采纳行政诉讼监督案件逐案分析制度的意见》，组织各地围绕认定事实、采信证据、适用法律等，深入分析人民法院未采纳监督意见的原因，形成专题报告，指导办案。同时，举一反三，督导市分院对未被采纳的检察建议“回头看”，对于没有采纳检察建议明显错误，或建议问题未得到整改的，依法跟进监督，强化检察建议监督刚性。三是强化与法院的跟进沟通。检察机关在开展行政诉讼监督履职过程中，通过与法院沟通对接，发现法院可能存在无正当理由不采纳抗诉、再审检察建议、检察建议情形的，上级院及时与同级法院沟通会商，推动法院加强对下级法院的业务指导，依法作出裁定、判决。

（三）联动协作，一体化解行政争议

一是上下联动化解争议。全省行政检察条线积极贯彻联动化解争议和行政检察一体化制度机制，上下一体、各尽其能，联动开展行政争议实质性化解工作。省院提请抗诉的高某某诉农垦宝泉岭管理局行政赔偿案，在最高检指导下，全省三级院联动配合，共同推进争议化解工作。省院办案组针对农垦管理体制已经完成改革、社会管理职能已经剥离、遗留问题难以解决的困难，多次到北大荒集

团沟通农垦管理体制改革后遗留问题，联合鹤岗市院、农垦宝泉岭院赴当事人居住地释法说理，最高检领导亲赴鹤岗召开听证会，最终促使双方和解，帮助当事人获得赔偿75万元。大庆市两级院一体化办理蔡某某诉大庆市某区某村委会行政赔偿检察监督案，入选最高检、民政部、中国残疾人联合会联合发布的典型案例。二是跨区域横向协作化解争议。涉及行政案件集中管辖的哈铁分院与各地方院认真贯彻落实省院《关于行政诉讼集中管辖后行政检察监督工作指导意见》，积极加强联络沟通，细化联动化解行政争议工作机制，完善一体化解行政争议办法。其中承担集中管辖行政诉讼案件监督工作的哈铁分院发挥熟悉案件、预先分析研判的前哨作用，涉诉行政机关所在地检察院发挥就近调查核实、与行政机关沟通协调的驻地优势，各有侧重、各负其责，一体化解行政争议。省院按照各院在化解工作中的作用，科学设定对下业务考核评价指标，提升联动化解工作积极性。三是联合政法机关、行政机关一体化解争议。部分检察院与审判机关、司法行政机关、政府机关探索建立行政争议化解工作机制，通过履行检察监督职能，激发法院、行政机关在化解行政争议中的积极作用，凝聚为人民群众排忧解难，化解行政争议的工作合力。双鸭山市院与市人民政府、市中级人民法院建立了《关于依法推进行政争议实质化解工作的若干意见（试行）》，佳木斯、黑河等地检察机关与同级法院、司法行政机关建立联动化解工作机制，积极推动依法行政、公正司法，促进争议化解。

三、坚持机制引领，实现联动协作一体化

黑龙江省检察院认真贯彻落实大检察官研讨班精神，一体推进执法司法制约监督机制建设，凝聚执法司法合力，提升法律监督质效。

（一）强化检察机关内部协作配合

一是加强内设机构的横向沟通。省院制定《关于推进行刑双向衔接和行政违法行为监督工作实施办法》，明确“四大检察”各部门在推进行刑双向衔接工作中的职责分工和管辖案件类别，细化正反向衔接工作中的线索移送、信息共享、案件办理、结果反馈等工作制度，有序有力推进行刑双向衔接工作。全省三级院行政检察部门积极强化与民事、刑事部门间的工作衔接，完善线索移送机制，强化一体履职。齐齐哈尔、大庆、牡丹江、黑河等地检察机关通过建立监督案件线索信息资源共享机制，畅通行刑衔接工作案件线索移送渠道，拓宽在履职中发现行政违法行为监督线索的路径。二是加强省际间的沟通协作。检察机关在办案中发现涉及外省案件线索，除按规定及时移交线索外，还积极协调当地检察机关帮助当事人消除冒名违法记录，一站式解决人民群众急难愁盼问题。在办理修某某跨省多地冒名婚姻登记检察监督案中，省院、哈尔滨市院分别协调辽宁省院和大连市院，委托调查核实，协调当地公安机关消除当事人被冒名行政处罚记录，一次性帮助当事人解决了跨省、跨市的多个冒名违法记录。该案例获评2023年度十大行政检察典型案例，已在中央广播电视总台中国之声和中国新闻网播出报道。同时获评最高检“贯彻落实两高两部指导意见推动解决以冒名或者弄虚作假的方式办理婚姻登记问题”百件优秀案例。三是构建跨业务领域大数据监督模型。检察机关在办案中发现基层法律服务市场同时存在刑事、民事、行政领域问题，研究构建大数据监督模型，同时开展多领域检察监督工作。模型通过提取裁判文书中代理人身份为法律工作者的数据，与司法局掌握的法律工作者数据碰撞对比，筛查违法线索，刑事、民事、行政检察部门一起开展审查、调查。行政检察部门发现司法行政机关对基层法律服务所违规执业行为监管不力、市场监管部门对社会咨询机构违规经营行为监管不到位等问题，向有关行政单位制发社会治理检察建议13件，均得到采纳；民事检察部门纠正民事案件审判程序中代理人资格审核不严问题，向法院制发民事审判程序违法检察建议240件，均得到采纳；刑事检察部门发现当事人使用虚假的基层法律服务工作者执业证书代理诉讼案件51件，依法追究刑事责任。

（二）强化与政法单位的协作配合

一是积极向党委、人大报告工作。省院阶段性梳理全省检察机关开展行政诉讼和执行活动监督，开展行政争议实质性化解，探索开展行政违法行为监督工作情况，向省委政法委专题报告工作，反映行政检察监督工作中发现的主要问题，提出加强和改进行政检察工作的意见和建议，主动争取工作支持。每5年向省人大常委会专题报告行政检察监督工作情况，配合省人大常委会开展专题调研，全面反映全省行政检察监督工作质效，自觉接受监督的同时，报告监督发现的执法司法问题并提出工作意见，为推动法治政府建设贡献智慧和力量。二是加强与审判机关的会商交流。省院与省法院建立了联席会议制度，对办案中发现的疑难问题及时交流意见，对提出抗诉和再审检察建议的行政诉讼监督案件及时与承办法官沟通，凝聚司法共识。通过两院会商时机，针对检法两院司法理念不统一的问题交换意见，凝聚化解行政争议共识，联合出台《关于共同推进行政争议实质性化解工作的意见》，明确双方在办理相关案件时，可互相邀请对方参与在办案件的实质性化解工作。对于涉及群体性纠纷或可能影响社会稳定的案件，双方可以共同督促有关行政机关提出解决实际问题的具体方案，发现行政执法中的普遍性问题、社会治理问题时，双方应共同或单独提出司法建议、检察建议，督促相关行政机关依法履职，实现“化解一案、治理一片”的社会效果。三是积极与司法行政机关协作配合。积极推动构建检察监督与行政执法衔接制度，统筹抓好行刑反向衔接与行政违法行为监督工作，省院与省司法厅会签《关于加强行政检察与行政执法监督衔接工作的规定（试行）》，建立检察机关与司法行政机关联合检查、案情通报、线索移送、信息共享等制度。

（三）强化与行政机关的协作配合

一是建立自然资源领域行政执法与行政检察衔接机制。为推动土地执法查处领域行政非诉执行监督专项工作，省院与省自然资源厅印发《关于加强行政检察与自然资源行政执法衔接工作的意见（试行）》，实现了信息共享、案情通报、案件移送、典型案例共同发布等工作模式。通过衔接工作机制，全省自然资源部门共向检察机关移送案件 699 件。双方互派干部交流挂职 3 个月，深入了解对方业务职能，凝聚执法司法共识，促进在专项工作中的协调配合。双方联合对全省违法用地和违法建设行为申请执行超期案件调研摸底，深入分析查找原因，共同制发《关于推进土地执法查处领域行政非诉执行申请强制执行超期案件的有关意见》，深入推进土地执法查处领域行政非诉执行监督工作。二是构建道路交通领域行政执法与检察监督衔接机制。为推动开展道路交通安全和运输执法领域专项监督工作，省院与省交通运输厅印发《关于建立行政检察与交通运输行政执法衔接工作机制的规定》，建立线索移送、信息交换、案情通报、联席会议等沟通协调机制，促进道路交通领域行政执法与行政检察监督有机衔接。双方联合组成督导组对全省交通运输行政执法工作进行实地督导，对 13 个地市及省交通运输执法局开展案件评查、执法督察等工作，促进全省交通运输领域 109 个执法问题得到整改，有力地解决了全省交通运输执法领域突出问题，助推全省交通运输综合执法规范化建设工作走深走实。三是推动公安机关加强涉刑戒毒人员管理。为深入推动司法行政强制隔离戒毒检察监督试点工作，省院聚焦专项工作中发现的监管漏洞，联合省公安厅、省司法厅共同签订《关于加强涉刑强制隔离戒毒人员剩余强制隔离戒毒期限执行衔接工作的有关意见》，建立健全涉刑强制隔离戒毒人员转接工作机制，强化对涉刑强制隔离戒毒人员管理，防止尚处于强制隔离戒毒期的涉刑人员脱管脱控。

最高检应勇检察长强调，检察机关贯彻落实习近平新时代中国特色社会主义思想，必须坚持系统观念，坚持“一体履职、综合履职、能动履职”检察监督新理念，让检察机关作为一个整体来履行法律监督职责，保障法律统一正确实施。黑龙江省检察院将进一步树牢“一盘棋”意识，推动强化对行政检察条线领导、指导，加强行政检察部门与刑事、民事、公益诉讼各部门之间的沟通协作，形成合力，高质效办好每一个案件。同时，进一步加强与审判机关、政府机关的会商交流，凝聚执法司法工作共识，凝聚化解行政争议、推进法治政府建设的工作合力，为加快推进新时代行政检察工作现代化，加快推进法治国家、法治政府、法治社会建设贡献黑龙江检察的智慧和力量。

（责任编辑：高旭）

依法能动一体履职推进诉源治理

杜树生*

诉源治理是对诉讼的源头治理，是社会治理的重要组成部分，事关社会和谐稳定，事关人民群众切身利益，事关巩固党的执政根基。习近平总书记指出“法治建设既要抓末端、治已病，更要抓前端、治未病。我国国情决定了我们不能成为‘诉讼大国’”“要坚持和发展新时代‘枫桥经验’，完善正确处理新形势下人民内部矛盾机制，及时把矛盾化解在基层，化解在萌芽状态”。最高检应勇检察长强调：“检察机关要以更高层次诉源治理促进高水平社会治理。”近年来，随着受理生效裁判监督案件逐年上升，大量的行政诉讼将各种问题带入检察监督环节，给检察机关履职带来极大挑战。贵州省检察院党组高度重视诉源治理工作，始终坚持“党委领导、政府主导、多方参与、司法推动、法治保障”的诉源治理格局，以“高质效办好每一个案件”为基本价值追求，以强化履职、实现有力监督为目标，以行政诉讼监督为重心，以统筹推进行刑反向衔接和行政违法行为监督为新的增长点，通过依法能动一体履职，推动诉源治理。

* 贵州省人民检察院党组成员、副检察长。

一、紧盯制度机制建设不放，既强监督更促治理

推动高质效办案促进诉源治理，制度机制建设是前提和基础。2023年以来，全省行政检察部门以“高质效办好每一个案件”为目标，持续加强上下一体、内外沟通协作，以机制建设为牵引，共建立加强能动履职、促进诉源治理相关的协作机制170个，其中省级层面5个、市州级21个、县级144个，筑牢了行政检察监督基石。

（一）强化沟通协调，着力加强外部机制建设

一是省院带头示范。省检察院不断与省法院及省司法厅加强沟通，以机制建设促进双赢多赢共赢。2023年8月16日，省检察院与省高级法院签订《关于促进行政争议实质性化解的实施意见（试行）》《建立行政非诉执行审查监督衔接机制的意见（试行）》《关于建立行政审判和行政诉讼监督工作沟通机制的办法（试行）》三项协作机制，为全省行政争议实质性化解及非诉执行监督工作的开展奠定了坚实基础，推动了法检两家沟通协作的制度化、常态化。2023年11月3日，省检察院与省司法厅签订了《关于加强行政检察与行政执法监督衔接的工作办法（试行）》及《关于建立司法行政强制隔离戒毒行政检察与行政执法监督衔接工作的意见（试行）》两项协作机制，有效推动全省行政执法案件评查及司法行政强制隔离戒毒监督工作规范化开展。

二是积极构建“府检联动”机制。各地立足行政检察职能，不断加强与当地政府的会商力度，强化依法行政和检察监督协同发力，进一步提升法治政府和法律监督工作成效。如剑河县人民政府与剑河县人民检察院签订的《关于加强“府检联动”促进依法行政工作实施意见》，通过召集相关职能部门参加通报会、协调会、座谈会、研判会等形式，加强依法行政共性问题研究，依托通报情

况、会商工作，共同研究解决问题和推进工作的方式和路径，着力打造依法行政与公正司法互相促进、行政机关与司法机关良性互动的协作平台。

三是积极构建“检法衔接”机制。全省各级行政检察部门与人民法院围绕行政争议实质性化解、非诉执行监督及民生民利等领域，着力打通检法沟通衔接渠道，共建立相关协作机制18个。如普安县人民检察院与普安县人民法院签订的《行政非诉执行“执源治理”协作机制（试行）》，既解决了检察机关非诉执行案件线索来源问题，又有效缓解了人民法院“执行难”的问题，推动矛盾纠纷源头预防和化解。

（二）强化融合履职，着力加强内部机制建设

为提升行政检察监督质效，省检察院集合三级检察机关力量，狠挖内部潜力，推动行政检察高质量发展，共建立内部衔接机制4个、工作措施及意见4个、评查标准及指引10个。

一是助力行政检察与刑事检察融合履职。为落实最高检关于推进行刑反向衔接工作的安排部署，省检察院行政检察部成立工作专班，广泛征求刑事检察部门、案管部门以及各市州院意见建议，制定了《贵州省人民检察院行刑反向衔接内部协作配合工作办法（试行）》，畅通了检察机关内部协作渠道。同时，各地检察机关也结合工作实际，制定了内部行刑反向衔接机制。如铜仁市人民检察院制定了《关于推进行刑双向衔接和行政违法行为监督的实施办法（试行）》、黔南州三都县人民检察院制定了《行政检察与刑事检察协作机制》等，为行刑反向衔接工作的顺利推进提供了制度保障。

二是助力“四大检察”融合履职。为高效推进相关工作，省检察院行政检察部牵头或协同制定了4项“四大检察”融合履职工作措施及意见，如协调刑事检察部门、公益诉讼检察部门、司法工作

人员相关职务犯罪侦查等部门，共同制定了贵州省人民检察院《关于加强道路交通安全和运输执法领域检察监督工作的十条措施》，通过融合履职打通了内部线索移送机制，形成监督合力。

二、紧盯行政违法行为不放，既治已病更治未病

推动高质效办案促进诉源治理，实现社会治理是目标和追求。贯彻落实《中共中央关于加强新时代检察机关法律监督工作的意见》文件精神，认真开展行政违法行为监督，精准提出“治病根”的检察“药方”，推动源头治理。

（一）积极探索开展案件评查工作

全省行政检察部门认真落实省检察院党组关于加强行政执法案件评查工作的部署要求，积极主动履职，加强与各级依治办、相关行政部门的沟通协调，把行政执法案件质量评查作为拓展行政违法行为监督、深入开展专项活动的重要抓手。2023年以来全省检察机关共开展案件评查399次，签订80项协作机制，评查案件2.6万余件。通过案件评查，发现案件线索3399件；共向行政机关发出检察建议2620件。一是强化工作部署。省检察院党组将“案件评查”列为党组重点工作之后，省检察院行政检察部及时制定行政执法案件评查工作方案下发全省执行，市县两级院成立以副检察长牵头的案件质量评查协调组，积极沟通解决市县两级院调卷评查的相关事宜，为后续案件评查奠定基础。二是组建联合评查组。市县两级院牵头依治办、巡视巡察办，邀请特邀检察官助理、人民监督员参与组建联合评查组，被评查行政机关明确一名评查联络专员负责卷宗调取、工作沟通、问题反馈、整改落实等相关工作。三是强化实效。对发现的问题分门别类发出纠正违法类或社会治理类检察建议，抄送依治办、巡视巡察办、党委政法委等部门，并将评查发现

的问题向人大进行专题报告，通过人大监督强化评查实效。

（二）积极落实行刑反向衔接工作

2023年7月14日，最高人民检察院下发《关于印发〈关于推进行刑双向衔接和行政违法行为监督　构建检察监督与行政执法衔接制度的意见〉的通知》以来，贵州省行政检察部门共受理行刑反向衔接案件876件，提出检察意见810件。一是高度重视，成立工作专班，明确专人负责。迅速对全省2022年以来不起诉案件数量进行初步摸排，了解各地案件数量及行政检察办案力量。二是印发《贵州省人民检察院行政检察部门行刑反向衔接案件办理工作指引（试行）》及《关于〈行政检察部门行刑反向衔接案件办理工作指引（试行）〉若干问题的解答》，就反向衔接案件办理期限、审查方式、行刑反向衔接案件化办理等问题进行明确细化，畅通了行刑反向衔接的外部沟通渠道，理顺了内部线索移送、监督范围、标准及程序问题。三是对近3年来刑事检察部门作出不起诉决定后提出的检察意见回复情况进行全面梳理，对超期未处罚的情况开展跟进监督，以提出检察建议的形式，提升行政机关对行刑反向衔接的重视程度。

三、紧盯行政争议化解不放，既解“法结”更解“心结”

推动高质效办案促进诉源治理，实现案结事了政和是归宿和落脚点。坚持和发展新时代“枫桥经验”“浦江经验”，大力弘扬“四下基层”优良作风。通过能动一体履职，针对“程序空转”案件，发挥司法专业优势，积极推动化解，有效推进诉源治理。最高人民检察院办公厅以《贵州检察机关多措并举实质性化解行政争议千余件》为题，将贵州省经验做法推广。

一是注重案件评估，确保精准施策。坚持分类施策，针对不同类型案件制定不同的化解方案，确保化解工作精准化、高质效。针对法院行政裁判结果并无不当、申请人诉请不合理类的103件案件，重点开展释法说理工作，引导申请人回归理性诉求。对程序空转类的148件案件，重点审查当事人合法权益是否受损，并采取司法救助等工作措施。针对行政生效裁判结果错误类的11件案件，发现符合《行政诉讼法》第91条规定的人民法院应当再审的情形，依法以抗诉或再审检察建议方式予以监督，同时在再审程序中，避免一抗了之，综合采取以抗促调，联合法院、相关行政机关共同化解行政争议。

二是注重检察一体，形成办案合力。省检察院专门制定《贵州省检察机关行政检察办案一体化施行办法（试行）》及《加强行政检察一体化促进行政检察高质量发展实施意见》，明确在工作中，上级院主要负责指导、协调、督促，基层院发挥熟悉当地情况优势，就地就近开展争议化解工作，上下一盘棋，形成办案合力，共化解案件202件，效果初步显现。为应对行政诉讼集中管辖带来的挑战，全省检察机关积极探索横向一体办案模式，通过成立跨行政区域办案组，上级院主要负责调度指导，案件所在地检察院侧重行政裁判监督，行政机关所在地检察院发挥属地优势，侧重配合开展调查核实及争议化解工作，共同协作配合，努力破解因法院行政诉讼集中管辖带来的挑战，实现行政案件办理与行政争议化解的同步推进、同步开展。

三是注重案件回访，杜绝"结案了事"。结合主题教育，探索建立生效裁判监督案件回访长效机制，对已办结但未化解的案件，建立"一案一回访"工作制度，杜绝"结案了事"的办案理念，对案件进行动态管理，通过内外联合回访等方式，对有化解可能的案件再次发力，着力化解。全省行政检察部门共开展案件回访151件，实质性化解行政争议35件。如某村三组与某县政府、某州政府林权登记纠纷案。2018年，某村三组因79万余元的征地补偿款分配问题，产生林权登记纠纷。案件经过一审、二审及再审，均未获得法院支持，检察机关也依法作出了不支持监督申请决定。2023 年 8 月，承办人经过研判，认为本案存在化解可能，遂决定由省州县三级检察院组成联合办案组，对案件进行联合回访。办案组走访了村民代表、各村民组长，梳理出对补偿款分配有意见的重点户，进行耐心的释法说理。同时，联合县司法局、镇政府、林业局等行政机关组织村民召开院坝会，向各组村民摆事实讲道理，最终全体村民就补偿款分配达成了共识，签订了按户平均分配的和解协议和息诉罢访承诺书，案件得以成功化解。

四是注重社会治理，以“我管”促“都管”。在开展行政争议实质性化解工作中，全省检察机关主动融入国家治理体系和治理能力现代化建设，发挥行政检察参与社会治理的独特作用，对在案件化解过程中发现的倾向性、苗头性问题及管理漏洞，及时向行政机关提出解决深层次问题的检察建议，以检察能动履职实现依法监督的“我管”促行政机关依法履职的“都管”。近年来，全省检察机关累计向行政机关发出社会治理类检察建议 400 余件，以高质量检察履职，促进社会治理效能提升。为支持检察建议回复工作，2023 年 7 月 28 日，贵州省人民代表大会常务委员会通过《关于加强检察建议工作的决议》，明确将落实检察建议情况纳入全省年度综合考核和平安贵州考核，形成推动工作合力。借助省人大的支持，全省检察机关通过推动检察建议由“办结”向“办复”转变，实现社会治理水平的极大提升。

通过依法能动一体履职，贵州省检察机关在推进诉源治理工作中取得了一定成效：

一是检察建议质效取得新提升。2023 年以来，针对行政执法工作中存在的违法问题，共向行政机关提出检察建议 4175 件，行政机关采纳 3848 件，其中类案检察建议 561 件，占比 13.44%。在办理行政生效裁判案件中，同步向行政机关提出检察建议 550 件，监督率为83.63%。省检察院对全省2020年以来对自然资源部门制发的检察建议进行分析，向省自然资源厅制发检察建议，推动其制定五项有针对性的改进措施，该案被最高检行政检察厅评为社会治理类检察建议优秀法律文书。

二是实质性化解行政争议取得新成效。全省共化解行政争议案件1046件，同比增长53.37%。其中通过检察一体化机制化解行政争议案件202件，占案件总数的19.31%。贞丰县检察院在办理一起拖欠农民工工资行政监督案件中，发现建筑公司未足额缴纳务工人员工资保证金，导致20余名农民工上访讨薪。检察机关针对建设单位普遍存在的未及时足额缴纳工资保证金的情况，向人社局、住建局等部门制发检察建议，推动农民工工资问题得到解决，既化解了行政争议，又推动行政机关依法行政，该案入选新时代“枫桥经验”先进典型。

三是形成了一批好经验。2023年以来《法治日报》以《冒名顶替12年的婚姻登记被撤销》为题，《检察日报》以《这一回，检察官当“判卷人”》《贵州检法合力推进行政争议实质性化解》为题先后15次对省院行政检察部门开展诉源治理工作宣传报道；最高检办公厅、行政检察厅先后多次刊载我省开展诉源治理相关经验做法，省委政法委、省院主要领导先后多次对诉源治理工作批示肯定。

（责任编辑：高旭）

高质效履行行政检察职能的福建实践

王金文*

近年来，福建省检察机关行政检察部门坚持以习近平新时代中国特色社会主义思想为指导，以强化履职、实现有力监督为目标，以深化行政诉讼监督为重点，以行刑反向衔接和行政违法行为监督作为重要发力点，强化责任担当，持续自我加压，敢于实践创新，推动各项监督办案工作取得新进步新成效。全省入选最高检指导性案例、典型性案例、优秀案件共31件，其中指导性案例2件，全国年度十大行政检察典型案例3件。

一、聚焦安商惠企抓服务，护航营商环境机制有新拓展

积极传承弘扬“晋江经验”，组织开展行政检察护航法治化营商环境“七个一”活动，构建综合性服务保障体系，助推一流营商环境建设。福建省行政检察护航法治化营商环境工作经验入选“福建省优化营商环境工作典型经验做法”，并被省委依法治省办《福建法治建设工作简报》专刊推广，在最高检举办的“第二届做实行政检察论坛”上作经验介绍。一是优化监测指标体系。用好《福建省优化营商环境条例》赋予的营商环境领域行政违法行为监督权，

* 福建省人民检察院党组成员、副检察长。

在全国率先推动将行政检察监督纳入省政府“营商环境数字化监测督导体系”，设置行政违法行为监督五项监测指标，作为评价全省各地营商环境的重要依据，并纳入地方政府年度绩效考核，在促进协同共治的同时，有效增强检察监督的刚性。福建省“检察建议落实情况成为评价营商环境重要参考”相关经验被《检察日报》头版报道。二是统一一项执法标准。会同省法院、市监局、司法厅研究会商形成专业会议纪要，统一“三小”（小作坊、小餐饮、小摊贩）食品安全违法行为减轻处罚裁量标准，回应解决“小案重罚”问题，为小微市场主体营造良好的发展环境。全省已适用该纪要办理涉“三小”案件7件。三是组织一场问卷调查。组织开展“访千企、问需求、把法脉、促法治”专题调研，全省各级行政检察部门统一行动，走访国有企业、民营企业、个体工商户等各类市场主体，形成调查问卷1316份，了解掌握企业真实需求，并从中发现一批案件线索，实施精准法律服务。四是举办一场主题论坛。联合厦门大学和福建省法学会行政法研究会率先举办“行政检察护航法治化营商环境”主题论坛，借助外脑智慧，对行政检察服务大局的切入点和增长点进行研究探讨，为护航高质量发展凝聚新动能。

二、聚焦热点领域抓专项，服务民生民利有新进展

践行司法为民宗旨，围绕解决群众对于依法行政、严格执法方面的急难愁盼，以专项监督为抓手，积极探索行政检察为民办实事的新路径。一是聚焦道路交通安全和运输执法领域执法不规范问题，组织开展道路交通安全和运输执法领域行政检察监督，提出监督意见377件，推动类案治理落地见效。三明市检察机关组织开展酒驾案件未处理问题专项监督，促成全市公安机关处理酒驾案件2550余起，处置案涉车辆1.5万辆，收缴罚款1430多万元。二是聚焦住宅专项维修资金未及时足额缴存问题，部署开展住宅专项维

修资金专项监督，提出监督意见139件，涉及专项维修资金1680余万元。三是聚焦社会抚养费停止征收后的遗留问题，开展社会抚养费执行专项监督，提出监督意见327件，推动解除失信被执行人名单、限制消费措施373人。省院对全省办案情况进行综合分析，向省卫健委制发社会治理检察建议，得到采纳。四是聚焦涉土地行政处罚决定未依法申请执行、执行不到位等问题，开展土地执法查处领域非诉执行监督，提出监督意见305件，涉及土地368余亩。宁化县院办理的“某县自然资源局申请强制执行吴某退还土地、拆除违法建筑物、恢复土地原状行政非诉执行监督案”，入选最高检、自然资源部联合发布的首批“土地执法查处领域五件非诉执行监督典型案例”；平潭院办理的“某村民委员会擅自改变林地用途行政非诉执行检察监督案”，入选最高检“行政检察与民同行”典型案例。五是聚焦行政强制戒毒决定、执行等环节执法不规范问题，深化戒毒行政行为监督试点，提出监督意见520件。全面梳理近年来办理的强制戒毒监督案件，形成专项分析报告，被最高检刊发推广。“南平市检察机关对黄某彬等5人未继续执行剩余强制隔离戒毒期限检察监督案”，入选最高检“防止‘脱漏管’强制隔离戒毒检察监督典型案例”。

三、聚焦职能改革抓落实，行刑反向衔接有新作为

在先行先试的基础上，认真落实最高检行刑反向衔接及行政违法行为监督改革新部署，积极适应转变，全面规范落实，确保改革走深走实，努力打造行刑反向衔接的“福建样本”。在第二届全国行政检察高质量发展论坛上作主题经验介绍，并在《检察日报》刊发。一是摸清底数、统筹推进。2023年7月最高检出台行刑反向衔接改革意见以来，我省科学拟定方案，精心组织实施，召开“全省行刑反向衔接培训和督导会”进行动员部署。对2020年以来全省

不起诉和移送行政处罚的相关数据进行全面梳理，形成《落实行刑反向衔接工作数据分析报告》。加强动态跟踪督导，对各地办案数据实行每月一汇总、一分析、一督导，确保接住、接好新职能。二是规范办案、加强指引。制发《检察监督与行政执法衔接制度内部协作规定》以及配套的操作指南、问题解答，对办案流程、法律文书、统计台账等进行统一，确保规范办案。就不起诉后需要继续给予行政处罚 18 个常见罪名制发《行刑反向衔接办案指引》，作为辅助参考，便利基层办案。三是精准监督、增强质效。统筹抓好办案质量、效率和效果，着力提升法律监督准确度和实效性，2023 年 7 月 17 日以来，全省行政检察部门共审查行刑反向衔接案件 4435 件 4874 人，已对 1989 名被不起诉人提出检察意见，检察意见发出率达 57.99%（根据最高检统计规则扣除危险驾驶和交通肇事类案件），已有 885 人受到行政处罚。

四、聚焦基层基础抓队伍，履职能力有新提高

坚持以问题和需求为导向，抓实抓好行政检察专业化建设，切实提升与新形势新任务相适应的履职能力。一是抓好政治建设和党风廉政建设。坚持以党建带队建，始终把政治建设放在首位，认真开展主题教育，组织好部门理论研讨、检视整改、主题党日、专题调研等活动。持之以恒抓好党风廉政建设，严格执行“三个规定”，落实重大事项和外出报备制度，加强八小时内外监督管理，队伍保持良好面貌。二是加强业务能力建设。精心组织首届全国行政检察业务竞赛集训，选派三名业务骨干参加全国行政检察业务竞赛均获“行政检察业务能手”称号。建立“全省行政检察人才库”，加强办案力量一体统筹使用，辐射带动队伍发展。会同省法院落实“检法行政诉讼专业会议机制”，总结“行政检察与行政审判良性互动”福建经验，被最高检《检察工作简报》刊发。加强理论研究，参与

完成省政法重点调研课题——“新时代构建行政违法行为检察监督机制研究”，我省3篇论文获全国行政检察高质量发展论坛征文活动一、二等奖。三是推进数字赋能。省院牵头会同福州市院、晋安区院自主研发“福建省行政检察智慧办案平台”，探索行政检察与民事、刑事检察融合发展、一体履职新路径，已办理监督案件291件。结合该平台运用，省院与福州市院联合研发“建筑工程违法分转包及挂靠类案监督模型”，获全国检察机关大数据法律监督模型竞赛三等奖。

（责任编辑：刘浩）

行政司法前沿

关于强化行政生效裁判监督履职实现有力监督的研究报告

张相军[*]　张立新[**]　高鹏志[***]　刘　浩[****]

为深入贯彻习近平法治思想，认真贯彻大检察官研讨班部署，切实把院党组和应勇检察长“高质效办好每一个案件”的要求在行政检察工作中落实落地，破解不敢监督、监督不力难题，我们聚焦强化行政检察履职，实现有力监督，对2018年以来行政生效裁判监督业务数据进行综合分析，并赴北京、江苏、山东、河南、四川、广西、安徽等地实地调研，形成研究报告。

一、近年来行政生效裁判监督办案规模持续扩大，监督质效稳步提升

行政生效裁判监督是指对人民法院生效的行政判决、裁定、调解书的监督，属于传统的行政诉讼监督，是行政检察的核心职能。近年来，各级检察机关聚焦法律监督主责主业，以行政诉讼监督为基石，强化行政生效裁判结果监督，取得新进展新成效。

---

* 最高人民检察院行政检察厅厅长、一级高级检察官。

** 最高人民检察院行政检察厅二级高级检察官。

*** 最高人民检察院行政检察厅检察官助理。

**** 最高人民检察院行政检察厅检察官助理。

（一）受理案件数不断攀升，地区和不同上下级检察院之间差异较大

1. 案件受理数持续上升

2018 年至 2022 年，全国检察机关共受理行政生效裁判监督案件 72175 件，各年份受理数分别为 9350 件、12711 件、14618 件、16729 件、18767 件。以 2018 年案件受理数为基准，此后四年同比增长率分别为 36%、15%、14%、12%。2023 年 24975 件，同比上升 33%。2018 年以来受理案件数量始终保持上升态势，反映出人民群众对行政检察有内涵更丰富、水平更高的要求，希望通过申请法律监督的方式救济自身权利，实现合法合理诉求。

2. 地区之间受案量差异大

2018 年至 2022 年，全国有 17 个省份受理量超过 2000 件；北京、山东、河南、江苏、四川 5 个省份达 4000 件以上，分别为 5388 件、5336 件、5158 件、4729 件、4198 件，该 5 省份 2022 年比 2018 年分别上升 169%、515%、83%、86% 和 206%；受理量排在后五位的新疆、甘肃、青海、兵团、西藏分别为 505 件、502 件、301 件、84 件、18 件。2023 年北京、江苏、浙江、山东、河南、广东、广西、海南、四川、陕西等省份上升明显，案件量均是 2018 年的 3 倍以上，其中山东 2023 年 2110 件，是 2018 年 266 件的 7.9 倍。

3. 四级检察院受理案件量呈“倒三角”状态

行政诉讼及诉讼监督程序的设置使得各级检察院受理案件数量在客观上呈“倒三角”状态。2018 年至 2022 年受理的 72175 件案件中（见图 1），县区院 6489 件，占比仅为 9%，平均每院每年不到 1 件；分市院 44818 件，占比为 62%，平均每院每年 25 件左右；省级院及最高检 20867 件，占比为 29%，平均每个省级院每年 126 件左右。2023 年受理的 24975 件案件中，县区院 3017 件，占比为

12%，平均每院每年不到1件；分市院14838件，占比为59%，平均每个市级院每年37件左右；省级院及最高检7120件，占比为29%，平均每个省级院每年215件左右。

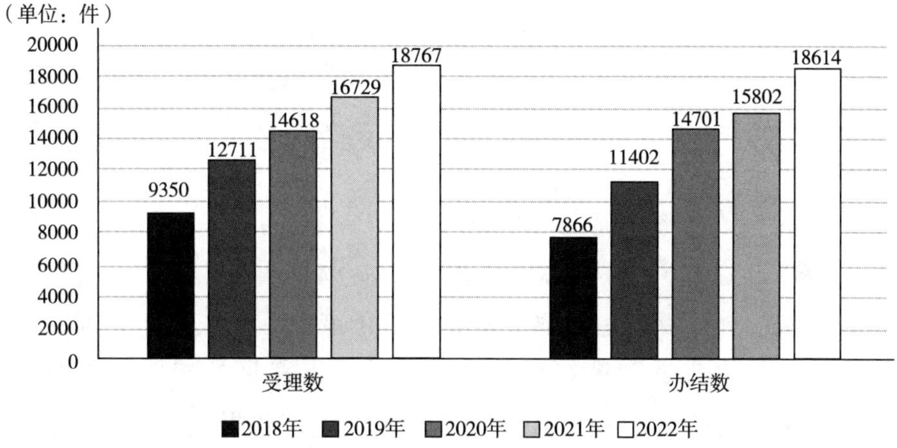

图1　年度受理行政裁判结果监督案件情况

（二）监督力度不断加大，监督质量持续向好

2018年至2022年，办理的行政生效裁判监督案件共向人民法院提出监督意见（包括抗诉和再审检察建议）1915件，比前5年（2013—2017年）上升12.3%，各年份分别为206件、239件、377件、456件、637件，2023年624件，是2018年的3倍以上，监督力度不断加大。在案件数量不断增加的情况下，提出监督意见案件数量占同年办结案件的比例，亦从2018年的2.6%上升到2023年的2.8%。

1. 依职权监督案件数逐年增加，能动履职效果显著

2018年至2022年，当事人申请案件数占比稳定在90%左右，依职权发现的监督案件数量逐年增加。5年来依职权受理案件数分别为65件、101件、155件、181件、192件，2023年增加明显，

依职权受理2248件，2023年是2018年的30倍以上。

2. 案件办结率维持在较高水平

2018年至2022年，办结行政生效裁判结果监督案件合计68385件，各年份办结案件数分别为7866件、11402件、14701件、15802件、18614件（见图1），2023年办结22010件，平均办结率92.7%。在受理案件量逐年增长的情况下保持较高水平的结案率，反映出全国检察机关行政检察部门办案力度不断加大、办案效率持续提升。

3. 抗诉改变率明显上升

2018年以来，检察机关践行精准监督取得明显成效，通过加强调查核实、公开听证、案例检索等精细化审查手段，依托专家咨询网、特邀检察官助理等智慧借助渠道，抗诉意见的精准性不断提升，办案质效明显提高。2018年至2022年，共提出抗诉859件，法院同期审结571件，改变原判决373件，维持原判198件（包含采纳抗诉意见维持原判案件19件），总体抗诉改变率65.3%。各年份提出抗诉分别为116件、156件、180件、235件、172件，各年份抗诉改变率分别为51.3%、49.5%、59.5%、74.4%、81%，2022年比2018年增加29.7个百分点。2023年提出抗诉192件，抗诉改变率为82.2%。

同时，强化跟踪问效和跟进监督，提升了监督效果。2018年至2022年，全国检察机关行政检察部门共跟进监督77件行政生效裁判监督案件，2023年跟进监督132件，是前5年总量的1.7倍。最高检行政检察厅下发《关于加强行政抗诉案件跟踪问效的办法（试行）》，要求对提出抗诉案件加强跟踪问效，避免“一抗了之”；对于下级院抗诉、再审检察建议或其他监督意见不被法院采纳且确有错误的，及时提出抗诉或跟进监督，确保监督实效。如湖北省武汉市检察院办理的李某与武汉市人社局工伤保险资格行政确认检察监督案，三级检察院围绕案件争议焦点接续监督，历时8年3次审理，经最高检抗诉后终获最高法改判，该案例获评2022年度十大法律监督案例。

4. 再审检察建议数显著增加，采纳率上升明显

检察机关强化同级监督，加强与同级法院的沟通协调，优先适用再审检察建议，充分发挥同级监督在节约办案资源、提高监督效率、缓解案件“倒三角”矛盾中的积极作用。2018年至2022年，检察机关共提出再审检察建议1056件，比前5年上升43%，法院共裁定再审601件，采纳率为56.9%。各年份提出再审检察建议分别为90件、83件、197件、221件、465件，2022年是2018年的5倍多。采纳率分别为25.6%、47%、38.6%、55.2%、73.3%，2022年比2018年增加47.7个百分点（见图2）。2023年提出再审检察建议432件，采纳率为91.7%。

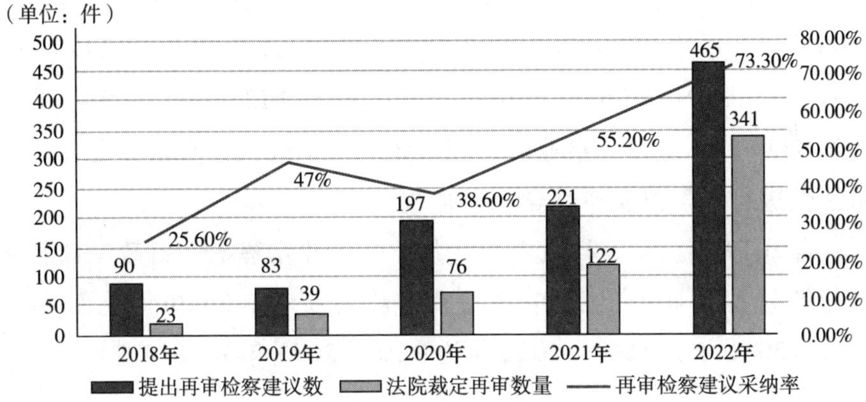

图2　再审检察建议采纳率

（三）实质性化解行政争议力度不断加大，化解率稳步提升

人民法院审理行政诉讼案件限于行政行为的合法性审查，对具有争议的权利义务一般不作出实体判断，难以回应或不能完全回应

原告的实质诉求，裁定不予立案、驳回起诉率高，原告胜诉率低，导致行政案件“两高一低”即上诉率高、申诉率高，原告服判息诉率低。一审案件约 50% 因上诉进入二审（民事案件上诉率 10% 左右），二审案件约 25% 申请再审，再审后又有约 50% 的案件申请监督。“两高一低”现象是行政案件一直以来面临的主要困境，“案结事不了”“程序空转”也成为影响人民群众获得感提升的突出难题。为促进解决“程序空转”“行政争议实质性解决难”等问题，近年来，检察机关认真贯彻落实《中共中央关于加强新时代检察机关法律监督工作的意见》，在履行法律监督职责中持续推进行政争议实质性化解，促进案结事了，取得了显著成效。从 2019 年 10 月最高检在全国部署开展“加强行政检察监督促进行政争议实质性化解”专项活动伊始，到 2022 年，全国检察机关在办理行政生效裁判监督案件中促进行政争议实质性化解 9182 件。其中，争议 5 年至 10 年的 2906 件，10 年至 20 年的 1688 件，20 年以上的 446 件。其中，2019 年 11 月至 2020 年专项活动中促进行政争议化解 2473 件；2021 年促进化解 2586 件；2022 年促进化解 4123 件；2023 年促进化解 8539 件。随着检察业务应用系统 2.0 上线，检察机关在办案中依法促进行政争议实质性化解更加规范。

自 2019 年至今，行政生效裁判监督案件化解率（行政争议实质性化解数占同期办结案件的比率）稳步提升，2020 年化解率为 15%，2021 年为 16%，2022 年为 22%，2023 年为 38.8%。

二、不敢监督、监督不力问题不同程度存在

（一）部分地区监督力度不够，抗诉和再审检察建议量少甚至空白

2018 年以来，监督力度虽不断加大，但相较居高不下的“申诉

率”，监督力度仍显不足。一些办案数量大的省份提出监督意见案件占比较低，2018 年至 2022 年，一些省份案件受理数在 2000 件以上、提出监督意见数占同期办结案件在 2% 以下，监督力度还不够大。地区发展不平衡，部分地区提出监督意见数量少、质量低，抗诉和再审检察建议量少甚至空白。2018 年至 2022 年，有的省份提出抗诉、再审检察建议案件数仅为个位数，而有的省份提出抗诉、再审检察建议几十件、上百件。

部分省级院未能充分发挥示范作用，2018 年至 2022 年，有的省级院提出抗诉数不足 10 件；各省级院提出再审检察建议合计仅 41 件，有 19 个省级院提出再审检察建议数为零。部分市级院 5 年间提出监督意见为零，个别省份的分市院没有提出抗诉的案件。

2023 年，一些案件受理数量超过 1000 件的省份，提出抗诉和再审检察建议数占同期办结案件在 1% 以下。

（二）监督质效需进一步提升，监督精准度仍需提高

2018 年至 2022 年，监督质效虽不断提升，抗诉改变率、再审检察建议采纳率不断提高，但仍然存在检察机关自身审查不细致、查证不全面、法律政策理解不深不透、监督意见不精准、跟踪问效不到位等问题。部分地区抗诉未改变率、再审检察建议未采纳率较高。有的省份抗诉未改变率达 70% 以上；个别省份再审检察建议未采纳率高至 90%。

（三）部分省级院自办案件量上涨幅度明显，案多人少矛盾突出

2018 年全国省级院本级共受理案件 2429 件，2023 年受理 7099 件，2023 年是 2018 年的近 3 倍，总体呈上升趋势。部分省级院受理案件上升趋势明显。如 2023 年，河南省院受理 1110 件，是 2018

年的 2.8 倍，6 名员额检察官，每人每年平均办理案件增至 185 件；山东省院受理 453 件，是 2018 年的 9.6 倍，4 名员额检察官，每人每年平均办理案件增至 113 件；浙江省院受理 453 件，是 2018 年的 4.5 倍，4 名员额检察官每人每年平均办理案件增至 113 件；北京市院受理 411 件，是 2018 年的 2.3 倍，5 名员额检察官，每人每年平均办理案件增至 82 件；广西区院受理 397 件，是 2018 年的 8.8 倍，7 名员额检察官，每人每年平均办理案件增至 57 件。部分省级院行政检察部门原配置的办案力量已不能满足工作需要。

与此同时，部分省级院受理行政生效裁判监督案件量超过民事生效裁判监督案件。2023 年省级院受理行政生效裁判监督案件 6976 件，受理民事生效裁判监督案件（含复查）5131 件，17 个省级检察院受理行政案件数超过民事案件。其中，北京、浙江、江苏受理行政案件是民事的 3 倍以上，分别为 411 件、100 件，453 件、113 件，425 件、117 件。这些省级院行政检察部门原配置的办案力量已不能满足工作需要。

三、法院未采纳监督意见的原因分析

根据《行政诉讼法》第 91 条的规定，检察机关提出抗诉或再审检察建议的理由包括：不予立案或驳回起诉确有错误的，有新的证据足以推翻原判决、裁定的，原判决、裁定认定事实的主要证据不足、未经质证或者系伪造的，原判决、裁定适用法律、法规确有错误的等 8 类。笔者抽取抗诉未改变、再审检察建议未采纳 236 件案件为样本进行了逐案分析，这些案件中，检察机关提出监督意见的法律依据主要集中在上述第 91 条的第 3 项和第 4 项，即原裁判适用法律是否正确、认定事实是否清楚，这两类理由占比超过 80%。监督意见未采纳原因主要有：

（一）检法认识分歧

一是法律适用存在认识分歧。法院因不认同检察机关对案涉法律条款的理解，或在条款背后价值理念存在认识分歧，而不采纳监督意见。比如，聂某诉某人社局工伤认定案，检法对《工伤保险条例》立法目的的认识不完全一致。聂某驾驶摩托车进入单位厂区后的上班途中，因道路上有石渣子（磁滑轮）不慎摔倒受伤。检察机关认为工伤认定应以保护劳动者的利益为先，从有利于保护劳动者合法权益的角度，结合司法实践中的裁判案例，认为聂某进入厂区后的上班途中属于工作场所的合理延伸，其所受伤害与工作有关，符合《工伤保险条例》第 14 条第 2 项规定的应当认定工伤的情形。但法院认为，保护劳动者的利益是《工伤保险条例》的重要立法目的，但同时须保护用人单位的利益以及保证工伤保险基金的合理使用，《工伤保险条例》中规定的工伤认定情形既不应限缩适用亦不能扩大解释，聂某受伤地点并非在其工作场所内，其受伤并非系因从事与工作有关的预备性或收尾性工作，因此，聂某所受伤害并不符合《工伤保险条例》第 14 条第 2 项规定的情形。

二是证据及事实认定存在认识分歧。证据及事实认定层面的认识分歧一般集中于原裁判认定事实的主要证据是否充足、是否经过质证或者是否系伪造以及新证据效力认定等问题，法院因不认可检察机关对于证据的判断及相关事实采信而不采纳监督意见。比如，杨某诉某县公安局、县人民政府行政处罚、行政复议系列案，检法对当事人提供的新证据效力认识分歧，检察机关根据当事人提供的新证据，证明原审裁判依据的司法鉴定存在严重瑕疵，认为案件的主要事实证据不足，对该系列案提出再审检察建议。但法院未裁定再审，并认为根据他人询问笔录等证据亦能证明案件事实，该鉴定意见并非原判决认定事实的主要证据，不作为证据使用也不足以推翻原判决。又如，王某诉某区人民政府撤销集体土地使用证案，检法对认定事实的证据证明力认识分歧，关于《地籍调查表》未经王某签字是否会影响证据证明力并导致行政行为被撤销这一问题，法院认为其未签字行为不足以影响其证明力进而导致行政行为被撤销，故裁定驳回王某起诉并无不当，对检察院的再审检察建议不予采纳。

三是在改判必要性上存在认识分歧。有的案件中，法院认可检察机关的监督意见，但认为没有改判的必要性而未采纳。比如，某特种装备公司诉某市市场监管局、第三人某工业气体公司、某氧气销售公司行政处罚案，市检察院认为，本案并无证据证明某特种装备公司存在不正当竞争行为，原审判决认定事实的主要证据不足，案涉行政处罚明显过重，因而原审判决认定该处罚适当属于认定事实错误。法院同意检察机关指出的“证据不足”问题，但认为未达到必须改判的程度，因此不启动再审程序。又如，某环保设备有限公司诉某市应急管理局安全生产监督管理处罚、行政复议案，法院通过行政调解将案涉罚款从 22 万元调整至 17 万元，检察机关认为该调解超出了行政诉讼法、安全生产法规定的自由裁量范围。但法院以该案已执行完毕，并无严重社会危害性为由裁定不予采纳监督意见。

（二）法院审级机制影响监督意见采纳

根据行政诉讼法及《人民检察院行政诉讼监督规则》，申请监督案件均由作出生效裁判法院同级的检察院进行受理、审查，而这些案件通常经过了上一级法院的再审审查。检察机关提出再审检察建议后，本级法院往往以“受上一级法院驳回再审申请裁定的羁束”为由，不予改判。比如，黄某诉某市公安局治安行政处罚及行政赔偿案，检察机关认为原审法院仅凭诉讼中由被告拟制和提交的黄某撤诉申请、询问笔录，在该证据未经质证、未向原告核实、亦未向原告询问撤诉是否其真实意思表示的情况下，即裁定准予黄某撤回起诉，剥夺了原告的正当诉讼权利，遂向同级区法院提出再审检察建议。而区法院回应称“市中院于2020年6月28日作出行政裁定驳回黄某的再审申请，因此，经审查，你院检察建议书中提出的情形均不存在”，进而裁定不启动再审程序。又如，邵某等3人诉某市自然资源局土地行政登记及市人民政府行政复议案，涉及农村集体土地使用权纠纷，市检察院发出再审检察建议未被采纳，省院抗诉后法院裁定由市中院再审，亦未获支持。

（三）个别案件因检察监督意见不精准未被采纳

有的案件因检察机关自身审查不细致、查证不全面，导致提出监督意见不精准而未被采纳。比如，孙某诉某市自然资源局林业行政登记纠纷案，检察机关对行政复议前置情形把握不准确致再审检察建议未被采纳。检察机关提出再审检察建议认为，根据《行政复议法》第33条第1款规定，侵犯已依法取得的土地、水流、森林等自然资源的所有权或者使用权的，属于复议前置情形，本案未经复议程序直接提起诉讼，原审法院进行审理并判决撤销案涉林权证违反法定程序，且适用法律错误。但是，该规定仅针对侵犯已依法取得自然资源所有权或使用权的情况，对于初始登记或初始颁证行为则不适用。对此，最高人民法院行政审判庭《关于行政机关颁发自然资源所有权或者使用权证的行为是否属于确认行政行为问题的答复》明确规定，有关土地等自然资源所有权或者使用权的初始登记，属于行政许可性质，不应包括在行政确认范畴之内，故行政机关颁发自然资源所有权或者使用权证书的行为不属于复议前置的情形。

四、进一步强化行政检察履职，实现有力监督的建议

应勇检察长在大检察官研讨班上的讲话指出，“当前，行政检察的工作现状与社会上大量存在的行政争议、行政申诉得不到有效解决形成重大反差”，强调“首先要加强对行政生效裁判以及行政审判和执行活动的监督，这是行政检察工作的重中之重，要切实解决不敢监督、监督不力等问题”，为强化行政检察履职，实现有力监督指明了方向。目前，在传统的行政诉讼监督中，不敢监督、监督不力主要体现在生效裁判监督是最大弱项。必须落实“全面深化行政检察监督”和“高质效办好每一个案件”的要求，进一步加大行政生效裁判监督力度，提升监督质效，推动实现监督数量、质量、效率、效果“两量两效”有机统一。

（一）进一步加大抗诉和再审检察建议力度，做到有力监督

一是要增强主责主业意识，做到敢于监督。要教育引导各级行政检察部门尤其是市级以上行政检察部门牢记“法定职责必须为”，依法履行生效裁判监督职责，发挥好带头作用，加大提出抗诉、再审检察建议和提请抗诉的力度。对提出抗诉、提出再审检察建议案件未破零的省、市级院，以及受理案件量大但提出抗诉、提出再审检察建议量小质弱的省、市级检察院，要深入分析原因，加强针对性指导，进一步扩大监督规模，着力提升监督率。下级院提请抗诉是上级检察院提出抗诉的最主要来源，要引导和鼓励各地在提请抗诉上着力，夯实提出抗诉的案件来源基础。

二是要完善各有侧重、上下联动、全面履职的工作格局。行政案件再审制度的设计以及人民法院跨行政区划管辖改革，决定了市级以上检察院尤其是集中管辖地市级以上检察院（包括铁路检察运输分院）是办理行政生效裁判监督案件的主力军。要针对行政裁判

监督上下级检察院、不同地区检察院分布不均的特点，完善各有侧重、上下联动、全面履职的工作格局，在省域范围内厘清三级院以及集中管辖地和非集中管辖地的监督办案重心。省级检察院行政检察部门在发挥业务指导作用的同时，要带头抓好自身办案工作，充分发挥示范作用；市级检察院特别是承担集中管辖任务的铁路运输分院行政检察部门发挥行政裁判监督案件办案主力军作用，重点开展裁判结果监督和行政争议实质性化解工作，组织推进专项监督；基层检察院重点开展行政审违监督、执行监督、行刑反向衔接和行政违法行为监督，协助上级院开展行政争议实质性化解工作，并根据受案实际，力所能及地开展再审检察建议工作。

三是要狠抓制度落实，强化跟进监督。省、市两级检察院要认真落实检察建议备案审查、行政裁判监督意见未采纳案件逐案分析等制度，对法院审理行政抗诉、再审检察建议案件作出的生效判决、裁定、调解书仍符合抗诉条件且存在明显错误的，依照有关规定跟进监督或者提请上级检察院监督。

（二）着力提升监督办案质效，实现精准监督

一是要坚持依法全面审查原则。对拟提出监督意见的案件要加强精细化审查，通过阅卷、调查核实、公开听证等方式，明晰争议焦点和监督重点，既要在实体上实现公平正义，也要在程序上让公平正义更好更快实现，还要让人民群众真正、切实“感受到”公平正义。完善审核把关机制，发挥部门负责人、检察官联席会、检察长、检察委员会对案件的审核把关作用，增强检察法律文书的针对性、说理性和权威性。落实案例强制检索制度，在办案中全面检索指导性案例、典型案例和关联案例等相关案例，并在审查终结报告中作出说明，实现案例检索“应检尽检”。强化跟踪问效，积极主动地加强与审理法院承办法官、合议庭、行政庭负责人等的沟通协

调，阐明检察机关提出抗诉和再审检察建议的理由和根据，避免“一抗了之”。

二是要找准抗点。严格落实修订后行政诉讼监督规则，对符合监督条件的要善于监督，依法提出监督意见。具有以下情形的案件要重点关注：（1）最高法或省高法发回重审或指令再审时有明确纠正意见而下级法院审理后维持原判的；（2）同类案件在同一地区或不同地区裁判结果不同的，尤其是同类案件其他地区法院采纳抗诉意见并改判的；（3）通过调阅人民法院副卷，发现审委会或合议庭存在重大意见分歧，裁判结果与主要意见矛盾的；（4）作出生效行政裁判的法官经依法确认有违法违纪行为的；（5）民事生效裁判、行政生效裁判互为牵连，需要形成监督合力的；（6）实践中出现的新类型案件，法院尚未形成统一裁判意见的；等等。对重大、疑难、复杂案件，上级检察院行政检察部门要加强抗前指导，帮助下级院明晰争议焦点，找准抗点。特别是要加强智慧借助，通过专家咨询、专业技术人员协作技术性证据审查、特邀检察官助理协助解决专业领域问题、大数据帮助分析类案规律、召开专家论证会等，助力提升行政裁判监督专业性和精准度，进一步提升行政抗诉改变率。

（三）多措并举，解决“倒三角”带来的案多人少难题

一是要充实人员力量。自办案件量增长迅猛、案多人少的部分省级院行政检察部门，要积极主动向党组和政治部报告，争取重视和支持，及时增加和充实人员力量，确保案人相适。

二是要强化繁简分流。落实《人民检察院行政诉讼监督规则》的规定，坚持在确保公正前提下提升办案效率的原则，根据案件事实、法律关系、法律适用、社会影响等因素，合理区分“繁案”“简案”，依法审查、精准分流，在提高效率但不降低标准、简化程

序但不减损诉讼权利的前提下，做到简案快办，简化办案程序，加快办案进度，提升办案效率，防止案件大量积压。

三是要强化一体办案。部分案件量大的省级院要充分运用一体化机制，采取将案件交办市级院，市级院办案人员到省级院跟班办案，省、市办案人员集中办案等方式，增加办案力量，挖掘潜能，应对案件增长迅猛、案多人少问题。

（四）加强与人民法院等的沟通协调，营造良好监督环境

一是要推动建立重大行政诉讼监督案件报告协调机制。对一些存在认识分歧的抗诉、再审检察建议案件，法检两家要加强沟通交流；建立健全重大行政诉讼监督案件报告协调机制，对于一些重大行政诉讼监督案件，人民法院的处理决定与人民检察院的监督意见存在重大分歧的，及时向党委政法委报告，通过报告协调机制统一法律适用。

二是要完善再审检察建议反馈机制。针对再审检察建议不必然启动法院的再审程序，刚性不足，导致再审检察建议采纳率不高，甚至不予回复的问题，推动“两高”建立再审检察建议的反馈落实机制，完善对再审检察建议的受理、审查反馈机制等，充分发挥同级监督作用，进一步提升再审检察建议采纳率。

（五）狠抓素能提升，夯实高质效履职根基

要把提升办案人员的能力素质作为办好案件的根本，融合推进政治建设与业务建设，用习近平法治思想武装行政检察人员头脑，高质效办好每一个案件，让人民群众在每一个行政检察案件中感受到公平正义。要狠抓业务培训，强化专业训练，按照“共建共享”模式，针对当前行政裁判监督面临的难题，研发行政检察监督抗点把握、行政赔偿检察监督等课程，不断充实完善行政检察课程体

系。强化案例指导和培训，以行政生效裁判监督为主题制发指导性案例，编发行政赔偿抗诉案件典型案例，并研发案例培训课程，坚持检察官教检察官，深化案例指导效果。持续深化做实同堂培训，推动树立共同司法理念，统一司法裁判和监督标准。认真研究修订后行政复议法对行政诉讼带来的新情况新问题，加强与行政复议、行政诉讼的衔接，提升监督能力和水平。

（责任编辑：孙玲）

行政检察大数据平台建设的现实困境及解决对策

——以河南省新乡市人民检察院实践探索为视角

张世光* 刘 阳**

2021 年 5 月，河南省新乡市人民检察院建成行政检察大数据智能辅助监督平台（以下简称大数据平台）。该平台专门收集、研判群众身边最常见的行政处罚问题，以行政非诉执行监督为切口，通过大数据、人工智能等现代技术，尝试打破“数据壁垒”、拆除“数据烟囱”。目前，平台接入市县两级共 439 家行政执法机关的数据库，实时共享行政执法案件数据 5. 8 万余件，办理各类监督案件 280 余件，较好地解决了基层行政非诉执行监督、行政违法行为监督案源不足的现实困境。

一、行政检察大数据平台建设的现实困境

（一）数据获取难

一是部分行政执法部门数据库难以支持数据共享。“行政执法

* 河南省新乡市人民检察院检察委员会委员、行政检察部主任。

** 河南省新乡市人民检察院行政检察部检察官助理。

机关”包括公安、市场监管、民政等多个系统，其数据库建设通常只支持上下级之间的纵向相连，不支持不同部门间的横向互通。多数行政执法机关的数据库仅支持本单位内部使用，甚至个别单位未建立电子政务系统，不具备提供数据条件。二是相关部门工作人员配合意愿不强。行政检察大数据平台获取数据势必会增加行政机关人员工作量，增加被监督风险，行政机关出于自身利益考虑，主观上不愿意将行政执法数据资源与检察机关共享。三是缺乏法律规定支撑。府检联动机制、行政执法与行政检察衔接机制较为宏观，关于数据共享的相关规定可操作性不强，行政执法部门在共享数据时出于数据保密等因素考虑，不愿配合。

（二）系统兼容难

行政执法机关为满足工作需求，各部门数据采集标准、格式和架构不一致，存在指标口径和技术标准差异，不同口径下统计的数据，相互之间难以有效比对和共享，因此出现口径不一、平台过多、兼容性差等现实问题。

（三）模型集成难

大数据平台建设的成效在于通过构建数字监督模型，开展大数据的碰撞、比对和分析，发现监督线索。实践中，行政检察大数据法律监督模型集中在行政非诉执行监督领域、行政违法行为监督领域，这两个领域行政机关、审判机关案件信息庞杂，存储方式不一，大量的非结构化数据（纸质材料）需要进行转化，利用平台建立的不同种类法律监督模型对数据要素要求不同，加大了平台模型集成的难度，容易让大数据平台成为功能单一的数据库。

（四）数据价值发挥难

一方面，办案人员解析个案，提炼大数据监督规则能力不足。

数字检察复合人才在基层检察院比较稀缺，检察官在办理个案过程中精准总结提炼类案监督的法律逻辑能力不足，无法在专业技术人员帮助下将法律逻辑转化为计算机逻辑进行数据分析碰撞，数据内部价值无法得到充分挖掘。另一方面，大数据平台智能化水平不高导致线索转化受阻，办案检察官需在协助设计代码上耗费过多时间精力，大数据监督转化为实践办案助力的效率大打折扣。

二、行政检察大数据平台建设的有益探索

（一）争取党委政府支持，凝聚合力统筹推动平台建设

行政检察大数据平台建设是一项系统工程，不但涉及检察系统外的行政机关、公安机关、审判机关等诸多单位，而且涉及检察系统内业务部门、技术部门、保障部门等多个部门，没有强有力的组织领导是无法实现的。

因此，新乡市检察院争取新乡市委全面依法治市委员会的高度重视，市委专门成立行政执法与行政检察衔接工作领导小组，市委政法委书记任组长，牵头抓总、统筹安排平台推广运用工作任务，督促指导市直行政执法机关和县（市、区）依法治县（市、区）办积极抓好落实。各县（市、区）政法委书记召集辖区内行政执法机关、公安机关、审判机关召开专题会议，部署新乡市行政检察大数据平台推广运用工作，确保成员单位应接入尽接入。

在平台建设过程中，新乡市检察院及时向新乡市委汇报平台建设情况，并邀请当地党委政府领导实地调研指导，专题汇报进展，现场演示观摩。新乡市委政法委书记、常务副市长等领导多次调研平台建设，为大数据平台深化运用指明方向，现场研究解决一系列工作难题。

结合平台建设进度及工作需求，新乡市委全面依法治市委员会

及其办公室研究制定《关于加强和改进行政执法与行政检察衔接工作的意见》《新乡市行政执法与行政检察衔接工作实施方案》《关于建立和完善行政非诉执行工作联动机制的指导意见》《关于加强行政机关自我纠错促进行政争议实质性化解的实施办法》等系列文件，明确要求全面推进平台建设与深度运用，全面深化行政检察监督，为平台的运行提供了强有力的支持。

为进一步确保平台建设工作能够顺利开展，新乡市委全面依法治市办将平台建设工作列入全面依法治市年度工作要点，年初部署工作任务，不断提高成员单位思想认识，切实把数据共享工作上升到法治政府建设的范畴。并将平台建设纳入行政机关负责人述法年终考核，考核组抽调检察机关人员实地查看行政执法机关平台运用工作，督促成员单位及时共享执法数据。还将平台建设纳入平安建设考核，高分占比关系到各县（市、区）考核排名，进一步压实了县（市、区）直单位数据共享的工作责任，把平台建设工作要求由“软指标”变成“硬任务”，确保行政机关执法案件应录入尽录入。此外，依法治市办还把大数据平台建设工作列为新乡市大数据综合服务监管体系建设重点项目，成员单位案件录入情况定期通报至市、县（市、区）主要领导，日通报、月讲评、季督导，全方位加强对平台建设的督促指导，有效解决成员单位不支持、不配合等问题。

（二）突出科技支撑作用，实现标准数据归集、提升工作效率

1. 统一数据要素归集标准

针对行政机关，设置行政违法线索受理、行政立案、行政处罚、行政执行、催告履行、申请强制执行、撤回强制执行申请等 10 个关键节点；针对人民法院，设置受理强制执行申请、裁定准予执行、准予撤回强制执行申请、终结本次执行、终结执行等 10 个关键节

点。要求成员单位在每个节点完成后5日内，按照系统设置的数据要素标准逐一同步录入相应的案件数据，实现案件数据按照统一的标准归集，破解不同行政机关系统不兼容难题。

2. 强化数据研判科技支撑

一是设置批量录入功能。针对行政执法机关案件数据存储方式不一的实际情况，大数据平台设置批量录入功能，执法人员可以将行政处罚案件节点信息人工批量上传。二是设置简易案件录入功能，繁简分流增强案件共享效率。三是研发自动回填系统。针对审判机关具有统一电子卷宗的优势，设置行政非诉执行文书回填系统，打包上传行政非诉执行案件电子卷宗，大数据平台自动识别案件节点信息完成回填。

3. 突出智慧应用服务行政机关

一是大数据平台设计行政执法案件预警模块、数据统计模块、关联分析模块供行政执法机关使用。二是设计案例库模块，供行政执法人员学习、借鉴相关案件办理经验。三是设计法规推动模块，在关键节点自动推送，供行政执法办案人员参考。

（三）优化平台功能设计，兼顾长远发展需求

1. 深化数据运用，丰富拓展业务场景应用

新乡市大数据平台归集行政处罚案件、行政非诉执行案件20个信息节点，设置行政违法行为线索预警模块，包括案件办理超时、未告知、法规不适用、处罚金额不匹配、未完全执行6个监督规则；设置法院受案审查违法线索预警模块，包括法院受理超时、未依法裁定受理、法院立案超时、裁定执行超时4个监督规则；设置法院执行实施违法线索筛查模块，包括滥用终本程序、强制执行超时2个监督规则。12个监督规则的提炼组合、拓展延伸，可以构建多种符合行政检察业务需求的法律监督模型，推送大量行政非诉执行监

督线索和行政违法行为监督线索。

2. 聚焦业务需求，嵌入行刑双向衔接模块

设置行刑正向衔接模块，设定监督规则，从海量行政处罚案件中实时筛查已符合刑事立案标准但未移送的违法行为，通过大数据平台推送预警信息后，专责检察官先行研判涉嫌犯罪案件线索，认为符合刑事立案标准，提交行政检察部门负责人审核批准，填写《线索移送表》，由本部门内勤移送本院案管部门。同时，在大数据平台上同步登记案件线索，转刑事检察部门依法办理。本部门内勤负责跟踪监督线索办理情况，并适时向专责检察官反馈。设置行刑反向衔接模块。办案检察官在办理反向衔接案件结束后，通过大数据平台端口录入不起诉决定书和检察意见书。通过平台线上移送至行政机关处理，行政机关作出行政处罚后，按照节点要求录入大数据平台，检察机关可对该行政处罚进行全流程监督，进一步加强检察意见刚性，正向促进反向衔接案件办理。

3. 注重长远发展，不断提高平台应用效能

一是坚持共建共治共享理念。主动把行政检察大数据平台建设融入市域治理大局，大数据平台中归集到的行政处罚案件数据、法院行政非诉执行案件数据同步共享至新乡市大数据局、司法局，市政府督查办，为建设新乡全域数据集成体系作出贡献。二是关注前瞻业务，提前设计多个部门接口，预留依法治市办、双打办、扫黑办、纪委监委等部门端口，为平台长远发展提前谋划部署。三是探索数据自动交换系统。确定试点部门，研发数据交换系统，先将行政执法数据信息导入到安全介质中，再通过安全介质转化行政执法数据标准、格式和架构，最终一键导入行政检察大数据平台，实现数据智能交换。

（责任编辑：苏怡）

聚焦数据互联互通
助力改进简易注销登记制度

孙　策[*]　李　杰[**]

为了深化"放管服"改革，优化营商环境，便利市场主体的注销退出，在北京、广州等全国各地简易注销试点工作基础上，国务院公布了《市场主体登记管理条例》（以下简称《管理条例》），国家市场监督管理总局公布了《市场主体登记管理条例实施细则》（以下简称《实施细则》），均自2022年3月1日开始施行，其中明确了简易注销登记制度。该制度的设计初衷在于解决市场主体"注销难"的问题，相较于一般注销登记，其对企业行为进行诚信推定，大大简化了注销程序。然而实践中，存在一些市场主体利用简易注销登记逃避行政处罚非诉执行的情形，本文结合检察监督案例，聚焦促进数据互联互通这一低成本改进简易注销登记制度的关键，探讨了简易注销登记制度相关的一系列问题，以期对检察监督促进市场监管规范化和助力优化营商环境能有所裨益。

* 湖北省襄阳市襄城区人民检察院第四检察部检察官助理。

** 湖北省襄阳市谷城县人民法院审判管理办公室法官助理。

一、简易注销登记制度简介

（一）背景、目的和制度演变

随着“放管服”改革的深入，企业注册登记更为便利，大量的企业如雨后春笋般涌出。然而企业是宽进严出，传统的一般注销制度以安全为先，程序较为严格烦琐，不便于商事的高效运转，大量僵尸企业的存在也造成资源的浪费，如企业名称、注册地的使用等。[①] 简易注销登记制度立足于效率优先，兼顾安全，目的是便利市场主体的注销退出。该项制度实行后成效显著[②]。

2014 年 6 月，国务院《关于促进市场公平竞争维护市场正常秩序的若干意见》明确提出“简化和完善企业注销流程，试行对个体工商户、未开业企业以及无债权债务企业实行简易注销程序”。2015 年 4 月，上海浦东新区、江苏盐城、浙江宁波、深圳四地启动企业简易注销改革试点。9 月，试点扩大到天津、浙江等 7 个省市区。在此基础上，自 2017 年 3 月起，在全国范围内试行企业简易注销登记改革。[③] 2018 年 8 月 24 日、12 月 3 日，国家市场监督管理总

---

① 参见张钦昱：《公司市场退出法律制度的嬗变逻辑与进化路径》，载《政治与法律》2021 年第 2 期；张钦昱：《僵尸企业出清新解：强制注销的制度安排》，载《法学杂志》2019 年第 12 期。

② 参见陈洁：《简易注销登记是提升市场效益的重要机制》，载《中国市场监管报》2021 年 9 月 4 日，第 3 版；杜晨薇：《优化营商环境畅通市场主体退出渠道，浦东新区法规实施三月余成效明显 740 户企业简易注销快速退市》，载《解放日报》2022 年 2 月 22 日，第 2 版；邱凌：《简易注销程序上升到法规层面——注销更便捷企业“轻松退” 3 月以来，全市办理市场主体简易注销 2626 户》，载《扬州日报》2022 年 4 月 13 日，第 4 版。

③ 参见国家工商总局《关于全面推进企业简易注销登记改革的指导意见》，工商企注字〔2016〕253 号。

局先后发布通知[①]，进一步推动简易注销登记改革，再次确立了便捷高效、公开透明、控制风险的简易注销登记改革试点工作基本原则，进一步扩大简易注销适用范围。2020年6月15日，《商事主体登记管理条例（草案）》向社会公开征求意见。草案提出要着力构建兼顾效率和安全的市场主体退出制度建立企业简易注销登记制度。后来在试点经验的基础上，《管理条例》和《实施细则》公布，明确了包含简易注销等一系列制度。

（二）现行的有关规定[②]

1. 告知承诺制[③]与形式审查

申请人申请办理简易注销登记，依据《管理条例》第33条、《实施细则》第47条规定，提交申请书和全体投资人承诺书即可，自己对承诺的真实性承担法律责任，实际规定了简易注销的告知承诺制与材料的形式审查。

2. 不得申请办理的情形

根据相关规定，将不得申请办理简易注销登记的情形归纳如下：（1）被列入经营异常名录或者市场监督管理严重违法失信名单；（2）存在股权（财产份额）被冻结、出质或者动产抵押，或者对其他市场主体存在投资的；（3）正在被立案调查或者采取行政强制措

① 参见市场监管总局2018年8月24日印发的《市场监管总局关于进一步推进企业简易注销登记改革的通知》；市场监管总局2018年12月3日印发的《市场监管总局关于开展进一步完善企业简易注销登记改革试点工作的通知》，国市监注〔2018〕237号。

② 《管理条例》第33条对简易注销适用的情形、程序、禁用情况进行了规定。《实施细则》第47—49条对申请简易注销所需材料，不得申请办理的情形，简易注销的程序要求等进行了规定。

③ 参见陈兴华：《浅议简易注销程序中信用承诺制度的引入》，载《中国信用》2019年第6期。

施，正处于诉讼或者仲裁程序中的；（4）被吊销营业执照、责令关闭、撤销的；（5）受到罚款等行政处罚尚未执行完毕的；（6）不符合《管理条例》第 33 条规定的其他情形①。其中第（1）、（2）、（4）项主要涉及市场监管部门，第（3）、（5）、（6）项涉及其他行政部门（如税务、行政处罚部门）、公安、检察机关、法院、人社局等。

3. 公示期等程序性规定

在国家企业信用信息公示系统公示 20 日，无相关部门、债权人及其他利害关系人提出异议的，可以于公示期届满之日起 20 日内向登记机关申请注销登记。

二、简易注销登记制度存在的不足

（一）对申办材料的审核仅为形式审查

《实施细则》第 47 条规定了申请办理简易注销登记，必须提交申请书和全体投资人承诺书。这两份材料是形式要求，也是事后监督的出发点。但是市场监管部门普遍反馈是形式审查职责，对不得申请办理注销的情形不审查，对全体投资人也不进行实质审核。另外无权要求、也无法获取其他行政机关行政处罚等信息。“由于市场监督管理部门对企业的简易注销申请材料只做形式审查，因此仍存在大量不符合简易注销条件的企业蒙混过关。”② 检察机关在办案中发现，一些市场主体利用市场监督管理部门内部、市场监督管理部门与行政处罚部门之间的信息互联互通不足以及形式审查的特

① 参考《管理条例》第 33 条的规定，实际是要求简易注销市场主体必须满足如下要求“未发生债权债务或者已将债权债务清偿完结，未发生或者已结清清偿费用、职工工资、社会保险费用、法定补偿金、应缴纳税款含滞纳金、罚款”。

② 参见张金捷：《企业简易注销制度实施评述与制度审视——以司法实践中对股东有限责任制度的突破为视角》，载《法制博览》2020 年第 32 期。

点，在被决定行政处罚、法院非诉执行前后，申请简易注销并获通过，以此逃避行政处罚非诉执行。比如，枣阳某公司被决定行政处罚后，隐瞒了相关事实，提交了申请书和全体投资人承诺书，向枣阳市市场监管局申请简易注销登记并获批准。宜城某化工公司在超标排放废水被行政处罚后，申请了简易注销并获批准。

（二）公示制度流于形式，未达预期目标

简易注销制度依靠公示制度兼顾安全。公示期是对市场主体退出最大的时间限制，本意是给相关部门、债权人及其他利害关系人提供提出异议的时间，防止少数不法市场主体退出，但此规定也为大多数符合注销条件的市场主体退出带来不便。因此，在改革中，公示时间已由45天压缩为20天。然而，实践中公示期的制度规定几近于流于形式、形同虚设，其目的并未有效实现。

1. 几乎没有相关部门、债权人及其他利害关系人在公示期内提出异议

一是无专人定期查看，现代世界信息过多，无人特别关注并专门定期查看公示系统。二是信息不通畅，对市场主体在进行简易注销登记公示不知情。三是债务人过多、被处罚企业过多等情形，债权人或相关部门设置专人查看难度亦较大。四是相关职能部门无专门账号，方便大批量查看或信息推送。五是网站查看较为烦琐且不稳定。比如襄阳某公司在襄阳市文化和旅游局向襄城区法院申请行政处罚非诉执行后，在国家企业信用信息公示系统上进行简易注销公告45日，市文旅局在公示期内一直未发现。法院裁定准予强制执行后，该公司向襄阳市市场监管局申请简易注销并获批准。

2. 公示流于形式，未能有效实现约束不法市场主体的目的，但给合法市场主体退出带来较大不便

由于上述原因，公示就如同法院的公告送达一般更多是一种程

序、一种态度，流于形式、空耗时间。因此，公示既无法真正有益于事前监督，也无助于事后监督。公示期的缩短对于相关单位和个人提出异议影响不大，对简易注销制度影响不大（后文会提出公示的其他作用），但可以为大多数的合法市场主体节省大量的注销等待时间。

（三）现行的简易注销程序存在一定风险

1. 数据互联互通不足，不能有效防止市场主体恶意注销逃避行政处罚等不得申请注销而申请的情形出现

如上文所述，不得申请简易注销登记的情形涉及市场监管部门和其他单位。由于市场监管部门内部、市场监管部门和行政机关、公检法的数据互联互通不足[①]，简易注销材料的审核也仅为形式审查，对不得申请办理注销的情形法律法规并未规定要进行实质审查，因此会出现市场主体恶意注销逃避行政处罚等情形。江苏省南通市运用数字检察发现了170余件恶意注销案件线索，说明此风险大量存在。

2. 形式审查下，全体投资人承诺书若不实，则事后难以追责

全体投资人承诺书是事后监督的出发点，全体投资人的真实性是审核的重中之重，只要事后监督可以落实到具体的可以追责的人和企业，简易注销的事前和事中的监督继续简化问题也不大。假设投资人是公司，倘若此公司存在诸如濒临破产、空壳公司、公司背后还有公司等情形，则难以追责；假设个人投资者同意材料是假冒的亦难以追责，最终事后监督如调查冒名登记、虚假注册地址等案

① 同样，数据及时更新也非常重要。比如市场主体存在“在经营异常名录或者市场监督管理严重违法失信名单中的；存在股权（财产份额）被冻结、出质或者动产抵押，或者对其他市场主体存在投资的；被吊销营业执照、责令关闭、撤销的”等情形的不适用简易注销程序。然而，经营异常名录有时候因为其他工作登记不及时而导致更新不及时，另外是否对其他市场主体存在投资的情况，也是需要市场监管部门根据内部线索信息进行查询而予以排除的。

件一样，无迹可寻，难以开展。

（四）缺乏法定有效的惩罚机制

对于违法失信的企业的全体投资人应当进行一定的约束和惩戒，然而法律法规并未明确何种约束和惩戒。

上文中提到的枣阳和宜城的案件，检察机关均对市场监管部门制发了检察建议，市场监管部门在撤销简易注销登记，恢复企业市场主体资格的同时，将其列入严重违法失信企业名单。然而有的企业法定代表人在文书送达时拒签。笔者查询相关法律法规和相关检察建议回复材料，并未看到明确的法律责任的规定（仅在试点时有些地区有规定，比如黑龙江、福建、辽宁、北京）①。

龙岩市市场监管局规定“企业可在公告期内撤销简易注销公告，终止简易注销程序，但自撤销简易注销公告之日起6个月内不得再次申请简易注销登记”。对于主动撤回的尚且如此，笔者认为，对于依法不得申请但申请简易注销的市场主体，应当对其投资人和法定代表人投资和管理的其他市场主体，规定更长的不得申请简易注销登记的时间，以示惩戒，比如1—3年。②

---

① 黑龙江省、福建省、辽宁省、北京市相关试点办法中，均明确规定将恶意注销企业列入严重违法失信企业名单并公示，比如北京市工商行政管理局2016年11月16日印发的《关于印发北京市企业简易注销登记办法（试行）的通知》。

② 《实施细则》第71条规定：“提交虚假材料或者采取其他欺诈手段隐瞒重要事实取得市场主体登记的，由登记机关依法责令改正，没收违法所得，并处5万元以上20万元以下的罚款；情节严重的，处20万元以上100万元以下的罚款，吊销营业执照……虚假市场主体登记的直接责任人自市场主体登记被撤销之日起3年内不得再次申请市场主体登记。登记机关应当通过国家企业信用信息公示系统予以公示。”本条对于提交虚假材料或者采取其他欺诈手段隐瞒重要事实取得市场主体登记的行为的处罚和信用惩戒，普遍理解为针对冒名登记、虚假登记等行为，利用简易注销登记逃避行政处罚的多不具备执行能力，此处罚最重的即为吊销营业执照。在与市场监管部门的沟通中，市场监管部门不认为可以据此处罚利用简易注销登记逃避行政处罚的申请者，目前亦尚未见到相关案例。

三、推动数据互联互通，对于改进简易注销制度的意义

国家探索注销便利化，给简易注销制度改进提出了实践需求。近年来，国家一直强调要优化营商环境，简政放权，注销便利化便是其中重要内容。2023年湖北省优化营商环境改革先行区典型经验中，有“进一步提升注销便利度”的试点，由襄阳市市场监管局牵头，建立市场监管、税务、人社、公安、法院、海关等多部门配合的注销联动机制，进一步完善企业简易注销，压缩程序、时间，建立容错机制等。目前注销便利化改革，更加注重事中、事后监督，要求进一步简化事前审批监督，但目前的形式审查给市场监管部门履职带来越来越大的挑战和风险。如何使得简易注销制度更加有效、更加安全？如何既能便利群众，又可筛除依法不得注销的“害群之马”，既能保持事前震慑，又能保障事中事后监督有力，既能有效防范各种风险，又能减轻市场监管部门压力？这不仅是简易注销制度需要考虑的问题，也是其改进完善的方向。

推动数据互联互通，是改进简易注销制度的关键。如何使简易注销制度更好解决上述问题，达到“效率优先、兼顾安全”，笔者认为，核心在于数据的互联互通。数据互联互通有利于筛除发现不得注销的“害群之马”，便于公示期缩短但不减效果，使简易注销制度更加高效便捷。目前各部门行政处罚数据、公检法司涉诉涉访数据是“数据孤岛”。推动数据互联互通，让市场监管部门在企业申请简易注销时，进行简单的事前查询便可得知该市场主体是否涉访涉诉、涉行政处罚等，可以避免绝大多数恶意注销逃避行政处罚的情形出现，能够筛掉大部分不得申请简易注销的情形，结合对承诺不实企业相应的信用记录和惩戒，也可推进信用中国建设。此外，对于推动“最多跑一次”改革也非常有利。总之，推动数据互联互通可以让简易注销的形式审查更加有效，让公示更加有力，可

以筛除绝大多数不得申请简易注销的情形，从而防范化解多种风险。

四、推动数据互联互通的条件和难点

（一）推动数据互联互通的条件

1. 数字中国建设和各地大数据管理机构的相继成立有利于数据互联互通

十三届全国人大四次会议表决通过《国民经济和社会发展第十四个五年规划和2035年远景目标纲要》，对“加快数字化发展　建设数字中国”作出战略部署，强调提高数字政府建设水平。党的二十大报告也提出加快建设数字中国。自2014年2月开始，广东、浙江、贵州、山东先后新设了大数据管理机构。2023年3月7日，国家数据局组建成立，由国家发展和改革委员会管理。该部门负责协调推进数据基础制度建设，统筹数据资源整合共享和开发利用，统筹推进数字中国、数字经济、数字社会规划和建设等。数字中国建设，各地大数据管理机构、国家数据局等设立有利于实现数据互联互通。

2. 数字检察建设有助于推动数据互联互通

数字检察是数字中国的重要组成部分，是数字中国在检察机关的具体体现。检察机关高度重视数字检察工作，数字检察给检察监督提供了极大助益。检察机关可以从数字检察监督模型推送的线索着手，发现大量的类案监督线索，通过社会治理类检察建议推动源头治理。

3. 市场监管部门开展简易注销登记改革和注销便利化试点有利于数据互联互通

市场监管部门逐渐意识到存在恶意注销逃避行政处罚等执法风险，也面临较大的事前审批、事中事后监督压力，希望加快数据互联互通促使大部分不得申请简易注销的情形“一键可查”。据了解，行政机关的行政处罚可以在国家企业信用信息公示系统上进行登记，在与市场监管局、市文旅局的座谈中，大家一致同意通过国家企业信用信息公示系统互联互通是最省时省力的方式。

（二）推动数据互联互通的难点

1. 缺乏运转良好、高效便捷的信息集成平台，目前最为便利的网站有待改善

利用国家企业信用信息公示系统进行信息集成是目前最为简易的方式。即行政机关公检法司能够统一利用国家企业信用信息公示系统，录入相关不得申请简易注销的信息。但目前行政机关、市场监管部门反馈系统网站不稳定，使用起来查询登记较为烦琐，且实际中市场监管部门的使用频次也并不高。另外，目前没有配置行政部门专门的账号，供市场监管部门大批量查询及行政处罚机关、公检法司录入或导入数据。

2. 推动力量和推动方式尚有不足，数据互联互通自下而上推动较难

市场监管部门等行政机关表示，推动数据互联互通乃至简易注销制度改革，由于涉及众多部门，自上而下，由党委、人大、政法委等部门牵头更易推动，比如召开座谈会，出台机制文件。市场监管总局可就国家企业信用信息公示系统进行改善，配置各级市场监管权限和账号，以及相应行政机关、公检法司账号。

目前府检联动机制尚未普遍建立，作为推动数据互联互通、改进简易注销制度的引擎的检察机关，缺乏相关权力召集相关会议，比如座谈会、联席会等，在制发检察建议后，仅能根据领导重视程度以及与相关行政机关的联系程度，召开一定规模的会议，促进一定范围的互联互通。市场监管部门亦然，数据互联互通工作容易陷

入僵局。①

3. 既有各类系统未能有效整合，存在一定的区域壁垒、条块壁垒

由于考核等各种原因，行政机关、公检法司都存在大量的各类系统，各类县市区系统建设过于繁杂、多样，有叠床架屋之嫌，耗费了大量的人力物力，不利于信息的汇总。比如2023年8月，受襄阳市文化和旅游局邀请，襄城区人民检察院工作人员赴襄阳市市场监管局沟通检察建议及简易注销数据互联互通等相关事宜。双方都赞成通过国家企业信用信息公示系统互联互通是最省时省力的方式。然而市场监管部门表示该网不太稳定，其平台数据导入其内部使用的省内统一的市场主体登记系统（卓迅系统）存在技术上难度，无法数据共享。因此经双方商议，达成了双向函告制度的共识解决当下的问题。

4. 数据互联互通后的信息安全和保密问题要引起重视

作为市场监管机构，需查看申请简易注销的市场主体有无不得申请简易注销的情形，因此其信息查询权限应当最高。然而数据互联互通后的信息安全和保密问题仍须引起重视，需要做好统筹谋划，在数据互联互通时同步做好数据管理和保密工作。此种可以参照公安机关查询公民信息的权限设置，方便留痕管理。

5. 容错机制建设需要重视，鼓励敢干事、能干事

简易注销领域改革不免遇到新问题，比如信息安全和保密问题

---

① 比如，某市某区人民检察院向涉案的市文化和旅游局、市市场监督管理局制发了社会治理类检察建议，旨在推动行政处罚非诉执行信息与简易注销登记信息数据的互联互通，从源头上防治“恶意注销”。然而，数月过去，目前仅是推动了文化旅游相关执法领域与市市场监管局的互联互通，促成市文化和旅游局出台了《关于建立市场主体登记信息追踪制度的通知》。但检察建议推动全市范围内行政处罚非诉执行信息与市市场监管局简易注销信息互联互通，推动某市简易注销领域制度改进完善的目标，一时难以实现。在与市市场监管局的沟通中，其表示希望检察机关可以牵头推动互联互通机制，若有相关联席会议召开，愿意参加。

等，要同步建设相应的审核容错机制，鼓励工作人员敢干事、能干事，非过错或重大过失不予处罚。同时也要建立申请容错机制，允许企业在“被列入经营异常名录”等异常状态消失后，可以再次依程序申请简易注销。

五、完善数据互联互通、助力改进简易注销制度的设想

（一）检察机关在促进数据互联互通、助力改进简易注销制度中的具体做法

从实践来看，检察机关是问题的发现者、推动者，各地检察机关充分发挥法律监督作用，以“我管”促“都管”，督促公正司法和依法行政，是促进数据互联互通，推动解决简易注销问题，进而助力改进简易注销登记制度的引擎。

1. 做深调查，深挖线索，全面履职

比如针对市场主体利用简易注销逃避行政处罚的案件，行政检察充分发挥“一手托两家”职能优势，一案四查，注重“穿透式”监督，即可开展非诉执行监督，又可针对行政处罚机关、审批注销的市场监管部门进行行政违法监督、提出社会治理检察建议①，由

① 在审查市场主体存在简易注销登记的执行案件，尤其是非诉执行的终本案件时，（1）可审查法院是否及时告知行政处罚机关（或民事案件申请执行人），告知其依法提出异议，撤销简易注销登记，或者告知其申请变更、追加被执行人，对于法院将已注销企业作为被告裁判、对已注销企业裁定终本等违法行为可进行非诉执行监督（或民事执行监督）。（2）可审查行政处罚机关是否将已注销企业作为被执行人。调查其是否知晓被处罚企业已注销，是否及时提出异议，是否申请变更被执行人等，视情况进行行政违法行为监督或制发社会治理检察建议。（3）可审查市场监督管理机关审查批准涉行政处罚非诉执行企业简易注销登记是否存在违法行为，已发生案件是否暴露出管理监督漏洞，进行行政违法行为监督或制发社会治理类检察建议。（4）条件允许的话，可依法进行行政争议实质性化解，推动案件走深走实，力争达到办理一件、治理一片的效果。

点成线，由个案具体问题的监督，延伸到相关部门的全链条监督，乃至于由线及面的社会治理。

2. 加强联系、一体履职、综合履职

江苏南通的检察专项活动总结了恶意注销类案件三类高发情形：为逃避行政处罚非诉执行；为规避刑事处罚；用人单位在劳动争议仲裁（诉讼）中恶意注销。恶意注销类案件涉及行政、刑事、民事等多个领域，检察机关应充分做好“四大检察”之间、上下级之间的沟通协调，通过一体履职、全面履职，全面推动多领域问题的发现、解决。

3. 数字检察推送线索，类案监督、社会治理

数字检察可推送大量的检察监督线索，凸显某类普遍性、倾向性问题，给类案监督、社会治理类检察建议提供更为充足的依据。比如，2023年湖北省检察机关大数据法律监督模型竞赛十佳模型中的“违规注销工商登记及致司法、执法不当法律监督模型”，推送了诸多民事、行政线索，助力发出检察建议50余份，有力地助力了该领域问题线索的全面发现和解决，也推动了机制建设，更好地预防类似问题再次出现，达到“办理一件、治理一片”的效果。

4. 跟踪督促，推动检察建议效果实现

比如江苏省南通市检察院开展“问题企业注销登记类案件行政检察专项监督”，制发检察建议后，通过一定范围内的联席会议、专项报告等方式促进溯源治理。

5. 制订联席会议机制，达成共识、形成制度

（1）告知行政相对人在案件调查期间不得注销公司，可以调查笔录、告知书等书面形式固定。（2）行政机关立案后评估风险，必要时函告市场监管部门在案件调查期间暂停该公司注销登记。（3）作出行政处罚决定的，及时函告市场监管部门，并在行政处罚非诉执行期间，定期通过国家企业信用信息公示系统检索并确认市

场主体的状态。（4）市场监管部门在审核简易注销申请时，或进行前置询问，或进行简单查询，或将相关信息推送至全市各执法部门（如发注销异议提示函）。

6. 制定规范性文件

比如南通市委政法委、全面依法治市办出台《关于加强市场主体执法司法信息共享和衔接配合工作意见》，该文件基于检察机关的意见建议，围绕构建信息共享、联动审查、联合惩戒三大机制，提出函告、登记审查、提示检查等机制。

总的来说，是推动建立一些领域的信息互通机制，比如双向函告制度；加强事前、事中、事后各环节的审查力度；加强检察院、法院、市场监管机关的联合惩戒力度。

（二）检察机关在完善数据互联互通、助力改进简易注销制度中的具体做法可作为改革方向

1. 解决问题案件，以推动数据互联互通作为一般检察监督的基本目标①

由问题案件切入，监督法院、行政机关，总结利用简易注销逃避行政处罚、规避刑事处罚、逃避民事债务（比如欠薪）中常见的风险点、管理监督的薄弱环节，最终聚焦社会治理。在对市场监管部门的检察建议中，要明确提出数据互联互通，助力解决类似问题的建议。提出检察建议后要加强沟通联系，借鉴检察机关已有监督成果的做法，向市场监管部门等行政机关提出函告、登记审查、提示检查等助力互联互通的做法。要跟踪督促落实，共同促进联席会议、座谈会的召开，深度参与协作机制建设，推动建立信息共享、

① 至于最终能够推动数据互联互通的范围、程度，因主客观条件差异肯定会有所不同，但作为目标不为过。

联动审查、联合惩戒等机制，最好推动机制建设的信息共享与数字检察的有效链接。在此基础上，通过数字检察模型的数据比对，可以“惩前毖后”，有利于更加全面排查过往数据中的类似问题，方便对问题案件清零，也有利于预防未来类似情况的发生，还可能有利于凸显未知的其他问题。总之，既有利于数字检察赋能行政检察等发展，也有利于帮助法院落实强制执行，助力行政机关解决和预防问题，利于信用中国建设。

2. 推动县、区乃至全市的数据互联互通应作为高目标

在总结经验的基础上，积极向党委、人大、政法委等汇报，推动建立府检联动机制，方便以后有权召集大规模的座谈会、联席会等相关会议，既可推动数据互联互通，推动解决和预防本地区的简易注销实施中遇到的问题，又可为以后遇到类似需要多部门解决的问题做铺垫。

3. 推动省级以上数据的互联互通，信息集成平台的建设，简易注销登记制度的改良，可作为该领域检察能动履职的最高目标

在总结各地区检察监督实践中发现的简易注销普遍性问题，总结办案数据、市县区数据互联互通经验的基础上，省级以上检察机关可向省级以上市场监管部门制发社会治理类检察建议①或者向同级党委人大进行专题报告。推动国家企业信用信息公示系统网站建设或省级地区信息集成平台建设，推动各行政单位行政处罚数据、公检法司涉诉涉访数据与市场监管部门简易注销数据孤岛的互联互通，结合已发现问题推动简易注销制度的改良，相关规范的更加简便、有效。

① 比如类似于最高检围绕社会治理领域校园安全、司法公告送达、金融监管、窨井管理、虚假诉讼、网络整治、快递安全、安全生产等突出问题制发的一至八号检察建议，可以在条件成熟、沟通充分、预期推动效果较好的情况下，制发类似的检察建议，推进法治政府、法治国家建设。

（三）低成本改进简易注销制度的设想

1. 设想的目标

相关单位数据互联互通，在不额外增加审核工作人员负担情况下，让群众办事却方便许多，让失职少见，让渎职难行。最大程度降低简易注销审核成本的同时，达到简易注销事前审查的统一[①]、便利、精准，事中的高效、便捷，事后惩戒、追责的震慑和有力，有效防止市场主体恶意简易注销逃避债务、行政处罚非诉执行、规避刑事处罚等。更好地兼顾简易注销制度效率和安全价值，让守信者关通天下，失信者寸步难行，有力助力法治政府建设，推动市域现代化治理。

2. 设想的前提

行政机关行政处罚信息、税务、劳动纠纷，公检法司涉及企业的违法、诉讼等信息能够录入国家企业信用信息公示系统，即与市场监管部门简易注销登记信息进行互联互通，且该网站稳定便查。

3. 设想中的简易注销需要变更之处

一是对于全体投资人承诺书要有一定的实质审查，确保具体办理人人证一致、电话真实有效，全体投资人真实，且涉及投资人是公司的，公司正常运营。方便事后追责到真实具体的人或企业。二是在市场主体申请简易注销时，市场监管部门只需要在国家企业信用信息公示系统进行查看，查看有无异议，有无行政处罚等相关不得申请简易注销的信息便可决定。若无便可批准，若有便可记录并作信用惩戒。三是大大缩短公示期。公示期主要是给行政机关、公检法司录入相关信息预留一定的时间，防止因为主客观原因未能实

① 将所有市场主体简易注销登记标准统一，把个体工商户的规定也并入，统一一致。

时、及时录入，导致市场监管机关无法查询，比如7日或（5个工作日）。四是明确信用惩戒和连带责任。在《实施细则》或其他法律法规中明确恶意注销逃避行政处罚的信用惩戒以及作出承诺的全体投资人对企业债务承担连带责任。“要求投资人承担连带责任一方面符合国外的前沿规定，也与国内已有理论的逻辑达到自洽，投资人承担连带责任是解决恶意注销企业的最有效途径。”①

少数市场主体利用行政机关、司法机关的数据孤岛现状，恶意注销逃避行政处罚等情形，引发检察机关对于简易注销制度的审视。实践中，检察机关的法律监督如引发多米诺骨牌效应的助推手，通过外部监督、推动行政机关数据孤岛的互联互通，解决简易注销登记中的一些问题。本文从检察视角提出检察机关在促进数据互联互通、解决简易注销登记问题、助力改进简易注销制度中已发挥作用、可作为方向以及低成本改进简易注销制度的设想。希望对于推动各行政单位行政处罚数据、公检法司涉诉涉访数据与市场监管部门简易注销数据互联互通，促进简易注销制度的改进完善，以更好地实现简易注销“效率优先、兼顾安全”的目的，进而促进市场监管规范化，优化营商环境。

（责任编辑：胡文正）

① 参见吴元爱：《我国企业简易注销制度完善研究》，烟台大学2021年硕士学位论文。

黑龙江省行政检察建议制发情况分析

——以黑龙江省近4年行政检察监督案件为样本

刘　冰*　李大伟**

检察建议是人民检察院依法履行法律监督职责的重要方式。近年来，黑龙江省检察机关行政检察部门深入学习贯彻习近平法治思想、《中共中央关于加强新时代检察机关法律监督工作的意见》，深入推动检察建议从“办理”向“办复”转变，在推进法治政府建设，促进依法行政中发挥了重要作用。本文通过全面梳理2020年以来全省检察机关办理的行政检察建议案件，总结提炼经验做法，分析问题与困难，并提出进一步探索完善行政检察建议工作制度的建议。

一、案件基本情况

（一）主要数据情况

2020年以来，全省三级检察机关办理行政再审检察建议、审判程序中审判人员违法监督、裁判执行监督、非诉执行监督、行政违法行

* 黑龙江省人民检察院行政检察部一级检察官。

** 黑龙江省人民检察院行政检察部一级检察官助理。

为监督案件等共计 9648 件，采纳 9567 件，采纳率为 99.16%。

从制发级别看，市级院制发检察建议 16 件，基层院制发检察建议 9632 件，检察建议主要以基层院制发为主。

从制发年份看，2020 年 596 件，2021 年 1393 件，2022 年 3322 件，2023 年 4337 件，制发数量逐年递增。

从制发类别看，再审检察建议 11 件，占比 0.11%。行政审判程序中审判人员违法监督案件 2834 件，占比 29.37%。行政执行监督（含非诉执行）案件 3264 件，占比 33.83%。行政违法行为监督案件 3539 件，占比 36.68%，除再审检察建议外，其他各类检察建议占比较为均衡。

从制发数量看，较多的地区有哈尔滨、牡丹江，制发较少的地区有林区、农垦，地区间检察建议工作开展不均衡。（见图 1）

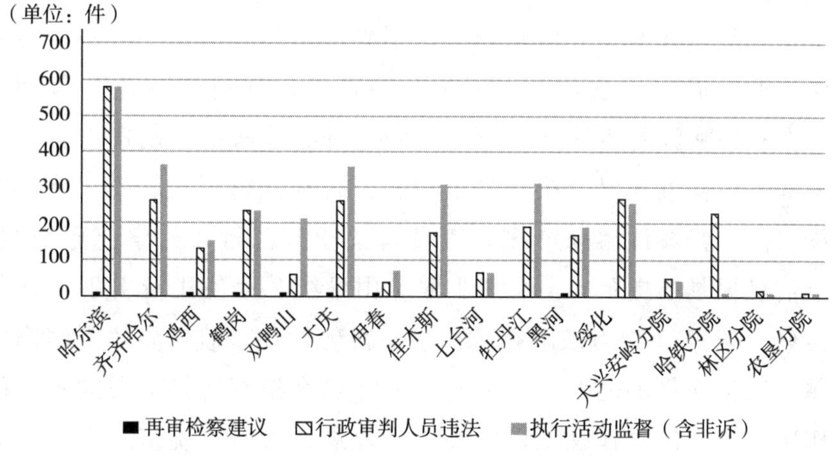

图 1　2020—2023 年各市分院检察建议制发情况

从案件来源看，当事人申请监督 1539 件，占比 15.95%，检察机关依职权受理 8109 件，占比 84.05%，检察机关参与社会治理主动性较强。

（二）工作推进情况

近年来，全省行政检察部门聚焦检察建议质量提升，不断加强规范指导，工作质效稳步提升。

1. 聚焦“高位推动”

一是强化对下指导。坚持问题导向，对各市分院检察建议工作中存在的共性问题进行统一指导，组织行政检察干警深入学习“全国检察建议工作情况的通报”、《检察机关开展检察建议工作有关问题的解答》，确保真正学懂弄通检察建议相关规定和要求。省检察院制定出台《关于进一步规范行政检察建议工作的若干规定（试行）》，对检察建议的适用范围、层级要求、制发流程、文书格式、文书报备、督促整改、管理监督等进行细化规定，为提升检察建议制发全流程规范提供指引。二是强化类案监督。明确监督标准，推动批量个案监督向类案监督转型。明确瑕疵问题与违法问题、轻微违法情形与严重违法情形的界限，将瑕疵问题排查在监督范围之外。在省检察院的审核把关下，对同一种类违法情形制发内容基本相同的多份检察建议的粗放型依职权监督模式得到了转变，有影响的深层次监督案件逐渐增多。编发《关于规范行政检察业务数据、案卡信息填录的提示》《检察业务应用系统 2.0 使用指引手册（行政检察业务）》，着力破解行政检察监督碎片化、监督质效不够高的问题。三是强化示范引领。为充分发挥优秀检察建议文书的示范引领作用，推动检察建议工作的高质量发展，省检察院多次组织开展行政检察优秀检察建议评选活动，围绕“用词是否精准、格式是否完整、释法说理是否充分、落实效果是否良好、是否可参考可借鉴”等 5 方面，坚持优中选优的原则，经市分院自荐、交叉评查推荐、专家库推选评出优秀检察建议文书 4 份。

2. 狠抓“评查整改”

一是建立全覆盖全流程评查制度。2020年以来，省检察院已按季度组织开展行政检察建议文书评查活动11次。评查范围把再审检察建议、行政违法行为监督、审判人员违法、执行活动（非诉执行）检察建议全部纳入评查范围，实现了全覆盖。重点围绕调查核实、事实证据、定性处理、文书制作、整改落实5个方面进行评查，对案件质量进行全流程“体检”。二是借助外力联合开展评查。2022年至2023年，先后与法律政策研究部、案件管理部联合制定全省行政检察建议质量评查活动实施方案，并在全省范围内开展行政检察建议质量评查活动。省院统筹指导，细化分工，构建以行政检察专人为主体的市分院自查组、以人才库为主体的交叉评查组、以省院员额检察官为主体复查组，确保评查质量。三是以评促改促优促规范。评查不是单纯地通报打分，一评了之，目的在于通过评查发现“病症”、找出“病灶”、开出“药方”，从而达到以评促改、以评促优、以评促规范的目的。评查紧紧围绕案件事实、法律适用、文书格式等方面进行，采用一案一评查、一类一台账，一院一反馈、一季一通报模式。整改反馈采取小班制，针对不同评查对象，分区域、全覆盖、面对面反馈交流，督促各市分院针对影响案件质量的“症结”问题、反复出现的顽固性问题、调查核实工作不规范等基础性问题，深入分析原因结合实际制定整改措施，做到问题清底、措施明确、责任到人。百日攻坚行动之后，检察建议异议期不规范问题已得到根治。

3. 聚焦“跟踪问效”

一是持续深入落实，提升辐射效应。检察建议既要聚焦当下，解决当前局部问题，更要着眼长远，促进系统整治，长效治理。各级检察机关积极探索，争取党委、政府、人大支持，通过人大备案、抄送纪检监察机关、报请党委政府解决等方式，提高检察建议的回复率和采纳率。2020年以来，全省检察建议采纳率由96.81%提高到98.69%。佳木斯市出台《关于支持检察机关依法开展行政违法行为监督工作的意见》，助力解决社会治理的薄弱环节和人民群众反映强烈的突出问题。二是督促配合联动，强化落实效果。检察建议发出后，检察机关积极开展督促落实工作，做好后半篇文章。2020年以来，哈尔滨、大庆市检察机关充分运用检察听证、宣告送达、面对面听取被建议单位意见等方式，从支持、帮助、配合被建议单位开展落实工作入手，持续督促被建议单位积极整改。充分发挥业务考评指挥棒的导向作用，省市两级院连续三年把检察建议的回复、采纳情况纳入“以上看下”目标考评工作，把优秀法律文书、典型案例、“视回复为采纳、视回复为整改”等纳入考核指标，以考评促落实促整改。三是创新工作举措，规范备案工作。各市分院积极探索备案审查关口前移制度，建立检察建议制发前报上一级业务部门审查机制，通过对检察建议制发必要性、合法性、说理性的审查，指导下级院不断提高制发水平。省检察院制定出台《关于加强全省行政检察部门检察建议备案及备案审查工作的通知》，明确细化检察建议备案流程和要求。

二、存在的问题及原因

（一）主要问题

虽然黑龙江省行政检察建议工作取得了一定的经验及成果，但就调研情况来看，当前黑龙江省检察机关行政检察建议工作还存在着一些问题：

1. 工作开展不平衡

一是区域不平衡。从制发数量看，各市分院制发检察建议数量差距较大。如审判活动监督最多的院为581件，最少的院为3件。

执行监督（含非诉执行）最多的院为580件，最少的院为1件。行政违法行为监督最多的院为643件，最少的院为10件。二是类型不平衡。从制发类别看，再审检察建议制发数最少，占比不足1%。行政违法行为监督检察建议占比最高，超过36.68%。从制发地区来看，除哈尔滨、齐齐哈尔、鸡西、双鸭山、七台河和鹤岗外，其他院均未制发再审检察建议。从制发级别来看，除哈尔滨、双鸭山、七台河外，再审检察建议均为基层院制发。三是宣告送达率不平衡。近年来，最高检一直强调要加强检察建议宣告送达工作，全国总体宣告送达比例持续提升。但我省除哈尔滨、大庆等地宣告送达率提升明显之外，其他地市宣告送达工作仍处于较低水平。

2. 监督质量不够高

一是检察建议内容存在简单就案论案现象。因检察人员缺乏服务大局意识，造成很多检察建议出现“就案论案”“就事论事”现象，不能做到由点及面、由表及里，去发现表层问题背后的原因上升到类案监督层面，从而达不到“制发一件、解决一片”的效果。如部分地区将审判人员、书记员、调查人未在文书中签名、法院未在裁判文书网公布行政判决书、法院裁判文书网公布裁定书未保留法人组织机构代码证作为审判人员违法行为监督的重点。二是检察建议问题研究不深不透。部分检察建议的办理局限于书面或电子卷宗材料，缺乏亲历性的调查核实和研究论证，造成检察建议内容空泛、针对性不强；部分基层院片面追求数量，就同类问题连续制发多份检察建议，影响其严肃性；有的检察建议原则性强，缺乏具体性和实操性，如“建议某某人民法院对执行中存在的问题予以纠正”“建议你院在今后的审判工作中杜绝出现上述违法情形”。三是检察建议跟踪落实力度不够。视回复为采纳、视回复为整改的问题仍不同程度地存在。有些检察建议发出后，被建议单位整改落实不及时，办案人员没有积极督促；或被建议单位整改不充分，走过场作回复，办案人员未继续跟踪核实整改情况。此外，未规范录入全国检察业务应用系统 2.0 案卡，致使实际办案数据与业务统计系统数据不一致，无法真实体现回复采纳情况。

3. 备案落实不到位

一是基层院备案审查流于形式。根据最高检第七检察厅《关于加强人民检察院行政检察部门检察建议备案及备案审查工作的通知》的工作要求，基层院应在 5 日内将制发的检察建议报送上级院备案。经反查全国检察业务应用系统 2.0 发现，部分基层院仍存在制发检察建议未向上级院备案、事后备案、未填写报上级院备案日期等问题。二是市分院备案审查主体作用未发挥。各市分院虽开展了备案审查工作，但未发现问题或发现问题多聚焦在审查字体不规范、标点符号运用错误等浅表问题，未实现纠错、追责、倒逼检察建议质量提升的目标。三是备案审查制度作用发挥不充分。检察建议备案审查制度旨在保证行政检察监督提质增效，进一步做实行政检察。从调研情况来看，2022 年以来各市分院制发的检察建议虽已向上级院报送备案，但省市两级院对下级院的备案情况还存在梳理不及时、掌握情况不清的问题。

（二）原因分析

1. 尚未树立高质效办案工作理念

一是尚未全面践行为大局服务、为人民司法的监督理念。全面贯彻落实习近平法治思想和总体国家安全观要求检察机关必须着眼于为大局服务、为人民司法、为法治担当。但因机构设置、专业化水平等，仍存在就检察看检察、就检察干检察，不能自觉将检察工作融入中国式现代化大局中谋划和推动的问题。二是尚未树立精准监督理念。个别办案人仍存在就案办案、机械办案的思维，没有透过程序性操作、文书规范等浅层次问题找准问题症结，实现精准监督。特别是案件体量大的地区，案多人少矛盾突出，流水作业现象较为严重，是制约检察建议工作高质量发展的顽瘴痼疾。三是尚未转变坐堂办案思维。办公室作业、书面卷宗审查工作模式仍旧存在，调查核实权运用不充分，未实现从审查思维向侦查思维的转变，未实现与行政机关、人民法院的有效沟通，监督的即时性和有效性不强。

2. 尚未健全高质效办案工作机制

一是审核把关机制有待健全。根据《人民检察院检察建议工作规定理解与适用》，为保证检察建议优质、严肃和权威，各类检察建议书均应由检察长或者检察委员会讨论决定后，以检察机关名义统一编号发出。司法责任制改革背景下，检察官主体作用得到突显，但放权不意味着放任，检察官联席会议和检察委员会集体决策作用需要进一步加强，避免审核把关不严，司法责任制落实不到位的问题。二是备案审查有待深化。检察建议备案审查走过场，个别市分院员额检察官对检察建议备案审查重视不够，没有按照案件化办理进行检察建议备案审查，备案审查未达到应有之效。三是案件质效评价体系有待完善。2023 年最高检印发修订后的《检察机关案件质量主要评价指标》，共计 46 项，涉及行政检察 6 个，设定通报值 2 个。在现阶段的指标体系中，行政裁判案件监督率、行政抗诉案件改变率、行政再审检察建议采纳率等组合评价指标，既对数量提出了要求，同时也要求保障监督质量。但个别地区为了追求数量，导致出现审查不细致、查证不全面、监督意见不精准、跟踪问效不到位的问题。

3. 尚未具备高质效办案工作能力

一是责任心不强。有些员额检察官工作不够严谨，责任心、质量意识不强，导致法律文书出现文书格式不规范、字体不统一、发文文号错误等问题。二是知识储备不足。特别是在基层检察机关，行政检察主要存在不懂、不会的问题。检察人员不会不精，就很难做好案件审查，准确适用办案所需要的法律法规、司法解释，从而造成案件出现论理不充分、分析不到位、建议内容空泛、针对性和可行性差等问题。此外，数字思维不强、数据共享不充分也严重制约行政检察法律监督实现从量变到质变的升级。三是人员力量不足。基层院民事、行政、公益诉讼三部门合一较多，专职从事行政检察人员较少，特别是近几年行政检察职能和案件量激增，导致人员力量严重不足。

三、下一步推进措施

（一）进一步提高检察建议的制发质量，将高标准制发检察建议落到实处

一是落实高质效办案要求。要坚持高质效办好每一个案件的基本价值追求，坚持质量先行，充分利用好调查核实，不断提高检察建议的精准性。要引导广大检察人员树立正确的政绩观，避免“数据冲动”。要更加注重提高检察建议质量，加大监督力度，在实现有效监督的基础上追求精准监督。要探索建立检察建议制发前报送上级院业务部门审查机制，对于调查核实不充分、指出问题不明确、提出对策不具有操作性等质量不高的检察建议一律不得制发。要强化与法律政策研究部门、案件管理部门的协作，充分发挥其审核和备案审查作用。二是要进一步强化指导督导。上级院要充分发挥在制发检察建议工作中的主导作用，进一步强化统筹意识，通过加强类案梳理和统筹制发，推动类案治理、诉源治理，起到“制发一件、促治一片”的良好效果。年初，上级院要制定年度建议制发计划，明确工作任务。其间，要积极推进制发工作，统筹全局，避免年底前出现集中制发的情况。要探索上级院对检察建议制发较

少、质量较低的地区的重点帮扶机制，通过加强督导，传授开展积极并取得较好成效的地区的经验做法以期后进。三是要精准适用检察建议类型。要准确把握社会治理检察建议与行政违法行为检察建议、行政公益诉讼诉前检察建议与行政违法行为检察建议的区别，在检察业务应用系统中精准录入案件。协助案件管理部门做好案卡信息采集的标准化设计工作，力争做到全面、系统、准确反映办案数据。

（二）进一步强化检察建议的督促落实，推动检察建议向“办复”转变

一是要继续推动检察建议纳入党政考核体系工作。积极争取党委、人大对检察建议工作的支持，通过主动汇报、反复沟通、多方协调等方式，积极推动将检察建议的回复、落实情况纳入平安中国建设考核体系，不断增强检察建议刚性。二是要加大检察建议督促落实力度。要通过制发前征求被建议单位意见、制发后走访被建议单位、召开座谈会等方式，督促被建议单位积极落实检察建议，力争制发的检察建议的回复率达到100%。要积极适用检察建议宣告送达机制，通过积极邀请人大代表、政协委员、人民监督员等参加宣告送达，推动被建议单位积极整改。三是要积极借助外部力量保障落实。检察建议发出后，被建议单位在规定期限内经督促，无正当理由不予整改或者整改不到位的，可以采取报告上级院，通报被建议单位的上级机关、行政主管部门，报告同级党委、人大、纪检监察机关等措施保障落实。要积极探索“府检”衔接机制，对被建议单位为政府职能部门的，要将检察建议抄送同级政府，由政府办督促被建议单位尽快落实。

（三）进一步创新工作方式方法，推动检察建议工作水平不断提升

一是像办理生效裁判监督案件一样办理检察建议。办案检察官要有敏感性，检察建议制发前要进行扎实的调查，确保释法说理论述充分。制发过程中，要和被监督对象深入联系，掌握监管痛点和需求，确保建议针对性。建议制发后，要帮助被监督者把检察建议落到实处，产生双赢多赢共赢的效果。二是积极探索大数据赋能行政检察建议实践。数字检察作为检察机关加强法律监督的战略性举措，应当全面赋能“四大检察”，行政检察也不例外。要通过大数据赋能，进一步拓展检察建议参与社会治理的范围，有效提升检察建议促进社会治理的深度和广度。三是采取多种形式有针对性地开展培训工作。要积极组织行政检察条线干警进行专题培训，以最高检历年来制发的优秀检察建议为标杆，学习优秀检察建议在制发选题、调查核实、文书撰写、督促落实等方面的经验做法，提高检察人员办案水平和通过办案发现普遍性、深层次问题、运用法治思维分析提出对策的能力，确保“高质效办好每一个案件落实落细”。

（责任编辑：高鹏志）

行政检察实务

行刑反向衔接案件制发检察意见必要性的排除情形

——以S省L市检察机关行刑反向衔接工作情况为样本

郑 璇[*] 姜良贺[**]

自2023年7月14日最高检印发《关于推进行刑双向衔接和行政违法行为监督 构建检察监督与行政执法衔接制度的意见》以来，各地检察机关行政检察部门积极贯彻意见要求，稳妥有序开展办案实践，办理了大量行刑反向衔接案件。但在司法实践中，由于缺乏明确的规则指引，存在检察意见制发必要性不足、检察意见接受度不高等问题，影响了此类案件的办理质效。为解决上述问题，本文以S省L市检察机关行刑反向衔接工作情况为样本，通过对未提出检察意见的案件进行梳理，归纳出七类行刑反向衔接案件检察意见制发必要性的排除情形，以期实现对此类案件的类型化办理，

* 山东省临沂市人民检察院第六检察部主任、一级检察官。

** 山东省临沂高新技术产业开发区人民检察院四级检察官助理。

助力提高案件审查效率，实现繁简分流。

一、S省L市检察机关行刑反向衔接工作情况

2023年7月至2024年4月，S省L市检察机关行政检察部门共接收刑事检察部门移送行刑反向衔接案件线索741件，经审查后制发检察意见的423件，终结审查315件，跟踪督促提出检察建议3件，不制发检察意见的案件占比为42.51%。

从涉及的案件类型方面看，在未制发检察意见的案件中，共有法定不起诉10件，占比为3.17%；相对不起诉106件，占比为33.65%；存疑不起诉199件，占比为63.17%。

从所关联的刑事案由看，未制发检察意见的行刑反向衔接案件主要涉及刑法分则第二章、第四章、第五章、第六章的相关罪名。其中，故意伤害、寻衅滋事犯罪案件，占比约27.30%；电信网络诈骗犯罪相关的诈骗罪，掩饰、隐瞒犯罪所得罪，帮助信息网络犯罪活动罪案件占比约24.76%；危险驾驶、交通肇事犯罪案件占比14.60%；盗窃、抢劫等侵害公民财产权利犯罪案件占比5.71%。

从涉及的行政管理领域看，未制发检察意见的行刑反向衔接案件中涉及的违法行为多发于治安管理、电信网络监管、道路交通安全监管等领域。

二、S省L市检察机关行刑反向衔接工作实践中存在的问题

（一）关于检察意见制发必要性的标准难以准确把握

检察意见制发必要性是办理行刑反向衔接案件的核心问题。因行政处罚门类众多，专业性强，检察办案人员对行政处罚领域业务知识了解不足，同时因缺乏类型化的规则指引、具体的案例参考，对于检察意见制发必要性认知不同、标准不一，导致出现“同案不

同办”的情况，影响了整体质效。如有的地方对涉案金额较小的案件是否应当适用首违不罚、把握较严，通过提前与行政机关沟通确定后不再制发检察意见，但有的地方机械理解书面规定，以行政机关仍需对行为人开展批评教育为由制发检察意见，既不能贯彻处罚与教育相结合的基本原则，亦有损监督权威性、严肃性。

（二）与行政机关就是否需要行政处罚的意见不一致

部分案件检察机关认为不需要处罚，但是行政机关认为需要处罚。如伪造国家机关证件的案件，检察机关审查后认为来源不清，无法证明系伪造，因此不建议处罚，但行政机关认为，根据治安管理处罚法的规定，对于使用伪造的国家机关证件的，也可以进行行政处罚。部分案件检察机关认为需要处罚，但是行政机关审查后认为可以不予处罚，如故意伤害类案件，检察机关认为可以行政处罚，但行政机关认为根据治安管理处罚法的规定可以不予处罚。

三、行刑反向衔接案件制发检察意见必要性排除情形的类型化构建

为解决上述办案实践中的问题，2024 年 2 月，S 省 L 市检察院探索制定《关于实行繁简分流办理行刑反向衔接案件的意见》，并通过对拟不提出检察意见案件情形的汇总梳理，归纳总结了 18 种常见情形，设计了要素式审查模板，同时汇总整理常见轻微违法行为不予处罚事项参照清单，有效提升了行刑反向衔接案件审查的效率与精准度。本文在此基础之上，结合 S 省 L 市检察机关的上述办案实践，归纳总结了无制发检察意见必要性的七类情形，以期为解决检察意见制发必要性的核心问题提供参考借鉴。

（一）无责任能力者不罚

在办理行刑反向衔接案件时需结合被不起诉人的年龄、精神、智力残疾等特殊情况，考量行为人是否具有责任能力，是否有行政处罚的必要性。

如根据《行政处罚法》第31条的规定，对不能辨认或不能控制自己行为的精神病人、智力残疾人的违法行为不予行政处罚。关于精神病人、智力残疾人实施违法行为时精神状态的认定，原则上要以相关的司法鉴定意见为准，但也可以根据当事人的病历以及周围群众的反映、案件的具体情况等方面综合判断。在有些案件中，如果周围群众长期以来公认甚至被侵害人本人也认为被不起诉人是不能辨认或者不能控制自己行为的精神病人、智力残疾人，没有必要再对其进行相关司法鉴定。对间歇性精神病人在实施违法行为时的精神是否正常，可以根据精神病司法鉴定意见、精神病人的发病情况，特别是其在实施违法行为时的表现等情况综合判断。

（二）超过时效不再处罚

经统计，S省L市检察机关办理的315件未制发检察意见的行刑反向衔接案件中，因超过时效未予处罚的案件10件，占比为3.17%。

1. 超过行政处罚法规定的2年、5年处罚时效的违法行为不再处罚

根据《行政处罚法》第36条的规定，行政执法机关发现违法行为的时间超过2年或特殊情形超过5年的不再处罚。实践中，行政立案、刑事立案均可作为发现违法行为的时间。如S省L市L县检察院办理的一起虚开增值税专用发票的行刑反向衔接案件，违法行为人虚开发票的时间在2015年至2016年，但直至2023年公安机

关才立案侦查，此时2016年距离2023年已经超过2年的时间，已超过上述行政处罚法规定的2年的处罚时效，故不再建议对违法行为人进行行政处罚。同时违法行为经群众举报查证属实的，也可以将举报时间作为发现违法行为的时间。

2. 违反治安管理的行为，超过治安管理处罚法规定的6个月时效的不再处罚

如S省L市L区检察院办理的一起盗窃罪行刑反向衔接案件中，被不起诉人实施违法行为的时间为2017年2月，但被害人一直未报案，直至2023年2月才至公安机关报案，此时从案发至被公安机关发现已经过了5年，明显超过了《治安管理处罚法》第22条规定的6个月的处罚时效，对此，该院未再建议公安机关对其进行行政处罚。

司法实践中，对于行政机关在法定处罚时效期限内发现违法行为未予处罚的，是否有必要制发检察意见存在一定争议。对此，最高人民检察院2023年12月26日发布的《行刑反向衔接典型案例（第一批）》案例一邱某某涉嫌盗窃罪相对不起诉行刑反向衔接案中指出：行刑反向衔接案件，应当区分违法行为在法定处罚时效期限内未被发现、法定处罚时效期限内发现违法行为未予处罚两种情况。前一种情况，行政机关依法对违法行为人不予处罚，检察机关不再提出给予行政处罚的检察意见。后一种情况，刑事司法程序终结后依法应予行政处罚的，不违反法律关于行政处罚时效的规定，各地可在实践中参考借鉴。

3. 关于行政处罚时效的计算，应当查明违法行为是否具有连续状态或继续状态

若违法行为具有连续状态或继续状态，行政处罚时效的起算应从违法行为终了之日起算。但在帮助信息网络犯罪活动罪反向衔接案中，行为人出借个人名下的银行卡供他人使用，且直至案发其银

行卡一直由他人持有并使用，对于行为人的违法行为是否处于继续状态、行政处罚是否超过时效，存在较大争议。

笔者认为，对于该问题，可参考部分裁判观点：“结合《中华人民共和国行政处罚法》第三十六条的规定，违法行为有继续状态是指违法行为或行为后果状态处于存续的情形。当行为后果的存续状态可以独立构成对相关行政管理规范之违反，且与违法行为本身的社会危害性相当时，即使违法行为已告终结，也应认定该行为有继续状态，从行为后果存续状态消除之日起算行政追责时效。”① 同时，可参照以下几种情形进行处理：

一是违法建设行为。全国人大常委会法工委在法工办发〔2012〕20号文件明确，违法建设行为因其带来的建设工程质量安全隐患和违反城乡规划的事实始终存在，应当认定其行为有继续状态。在司法实践中，法院对此也基本形成了统一认识，即从违法建筑状态消失之日起算行政处罚时效。

二是违法占用土地行为。最高人民法院行政审判庭《关于如何计算土地违法行为追诉时效的答复》认为，非法占用土地的违法行为，在未恢复土地原状之前，应视为具有继续状态，行政处罚的追诉时效从违法行为终了之日起算。

三是虚假广告宣传行为。对于商家在网络或以实体形式发布虚假广告的行为，有司法裁判观点普遍认为，“虽然行为人设置广告的行为即时结束，但在广告被撤下之前，一直存在并发挥着宣传作

① 高鸿、刘海燕、冯禹源：《陈某某诉某区综合行政执法局不履行行政处罚职责案——“违法行为有继续状态”的认定标准及解释方法》，载“南通行政审判”微信公众号2024年4月1日，https://mp.weixin.qq.com/s?_biz=MzI2MTE5NjYzNA==&mid=2650825937&idx=1&sn=ef15844aadea41e59b0d75be934e6e30&chksm=f1aadae4c6dd53f23040637df3f3cbd5060a02b387a81a9e88e9a34b4349c0b4b635c4e461ad&scene=27。

用，会持续给社会受众带来误导，故应当认定该行为具有继续状态。”① 除上述行为类型，对剽窃作品、公司违法设立、非法买卖土地等行为，实践中也倾向于认定相应违法行为具有继续状态，应当从行为所造成的后果状态完全消除之时起算行政追责时效。

（三）证据不足不能罚

经统计，S省L市检察机关办理的315件未制发检察意见的行刑反向衔接案件中，因证据不足未予处罚的案件185件，占比为58.73%。

在办理行刑反向衔接案件过程中，审查证据的标准与刑事案件的证据标准存在不同，需要在个案中具体分析，应重点审查以下内容：一是不起诉决定书中采信的证据和排除的非法证据。二是违法行为构成要件是否都有相应的证据予以证实。三是违法事实的证据是否确实、充分。这其中既包括行为人违法事实客观存在的相关证据，也包括违法情节应当从轻、减轻或者从重处罚的相关证据。四是对不起诉决定已经排除的非法证据，不得再作为在行政处罚的证据；对不起诉决定已经采信的证据，可以作为行政处罚的证据，但有相反证据予以证实的除外。

在经上述审查后，对于违法事实不清、证据不足的，根据《行政处罚法》第40条的规定，不能建议行政机关进行行政处罚。

（四）没有依据不可罚

经统计，S省L市检察机关办理的315件未制发检察意见的行刑反向衔接案件中，因没有处罚依据未予处罚的案件29件，占比

① 《查处时仍处于张贴状态的广告之违法行为应属于继续状态》，载“行政法小观”微信公众号2024年4月4日，https://mp.weixin.qq.com/s/BxWYgNjrbb-PAaGcIPqZ4EA。

为 9.21%。

根据《行政处罚法》第 38 条的规定，当行政处罚没有依据时，行政处罚无效。对此行政检察部门在办理行刑反向衔接案件过程中，应准确查找处罚依据。在寻找依据的过程中，应注意避免以下情况：一是应适用甲法，却适用了乙法；二是应适用甲法的某些条款，却适用了甲法的其他条款；三是适用了尚未生效或已经失效的法律、法规；四是适用了被处理行为地以外的地方性法规及地方政府规章。对于没有处罚依据的案件，不能制发检察意见。

（五）没有过错或情节轻微可不罚

经统计，S 省 L 市检察机关办理的 315 件未制发检察意见的行刑反向衔接案件中，因没有过错或情节轻微不予处罚的案件 10 件，占比为 3.17%。

1. 没有主观过错不处罚

根据《行政处罚法》第 33 条第 2 款的规定，对于当事人有充足证据证明自己没有主观过错的，不予处罚。而对于当事人的主观过错认定，应当坚持以下原则：

一是行政处罚中，一般情况下采用过错推定原则，即除非法律法规对违法行为的主观构成要件有特别规定，否则当事人实施了违法行为便可推定为具有主观过错，无须另行承担证明责任。如对于 S 省 L 市 F 县院办理的刘某某污染环境行刑反向衔接案，L 区院办理的陈某某非法捕猎、非法捕捞水产品行刑反向衔接案中，均适用了过错推定原则，并据此向行政机关制发了检察意见。二是如果当事人认为自己不具有主观过错，并能够提供充分证据予以证明的，不予行政处罚。三是如果法律、行政法规对违法行为的主观状态作出了明确规定，那么当事人是否具有主观过错不再采用过错推定原则，而是需要通过证据证明当事人存在主观过错。如果当事人认为其没有主观过错，也可以提供证据证明，应当一并予以审查认定。四是作出行政处罚决定前，应当排除当事人存在“见义勇为”“正当防卫”和“紧急避险”的情形。

2. 情节轻微不处罚

根据《行政处罚法》第 33 条的规定，若行为人存在首次违法且已纠正或情节轻微等情形时，不予处罚。如 S 省 L 市 M 县检察院办理的一起帮助信息网络犯罪活动罪行刑反向衔接案件，被不起诉人系在校大学生，成绩良好，因父母离异，家庭条件困难，在一次兼职过程中，由于受到诱骗，将自己的银行卡出借给他人使用。在办理该案的过程中，M 县检察院认真梳理被不起诉人违法犯罪的诱因及成长环境，并以调查问卷的形式向行为人及其学校辅导员进行了解，在综合考量行为人具有自首情节、系初次违法、家庭经济困难但仍能考上大学，经济困难难以上缴罚款达不到处罚效果等因素，认为本案无制发检察意见必要性，最终作出终结审查决定。

（六）一事不能进行二罚

经统计，S 省 L 市检察机关办理的 315 件未制发检察意见的行刑反向衔接案件中，按照一事不能进行二罚未予处罚的案件 12 件，占比为 3.81%。

1. 关于一事不二罚原则的理解

2021 年修订的《行政处罚法》第 29 条保留了原一事不二罚的规定，同时补充增加了“违法竞合”条款。胡建淼教授指出，应明确两个概念，即“两次处罚”与“两项处罚”。就行政处罚制度而言，对于“一事”不得给予“二罚”，即两次罚款不行，两次没收、两次拘留也不行。对于任何违法，都不得给予“两次”以上处罚。但是，可以对于“一事”给予“两项”以上的处罚。如对某种违法行为，可以给予既罚款又拘留，既罚款又没收，或者既罚款又吊销许可证等，治安管理处罚法等不少法律均有此规定。故可以得出一个结论：一个违法行为，不得给予“两次”以上的行政处罚，但可以给予“两项”以上的行政处罚。所以，正确的表述应当是：“对当事人的同一个违法行为，不得给予两次以上的行政处罚。但在法律有明文规定的情况下，对当事人的同一个违法行为，可以给予两项以上的行政处罚。”① 笔者认为，尽管新旧行政处罚法关于“一事不二罚”的表述存在的缺陷，但立法的本意相对清楚，即行政处罚应当遵循“一事不二罚”原则。

2. 一事不二罚原则的具体运用

“两高两部”《关于办理醉酒危险驾驶刑事案件的意见》（以下简称“两高两部”《意见》）出台前，对于醉驾在移送审查起诉前已吊销驾照的，实践中，很多地方在不起诉后不再提出处罚的检察意见。但根据上述“两高两部”《意见》第 12 条、第 20 条的规定，醉酒驾驶机动车情节轻微不起诉的，在给予其吊销驾驶证的行政处罚外，还应当按照《道路交通安全法》第 91 条规定的相应情形，给予其罚款、行政拘留的行政处罚。故对于此类案件，如移送前已经吊销驾照的，不起诉后可提出给予其罚款、行政拘留行政处罚的检察意见，并不违反“一事不二罚”的原则。

（七）综合考量不宜处罚

经统计，S 省 L 市检察机关办理的 315 件未制发检察意见的行刑反向衔接案件中，综合考量其他因素未予处罚的案件 69 件，占比为 21.90%。

① 胡建淼：《论行政处罚“一事不二罚”原则及其“一事”与“二罚”的认定标准》，载《法学评论》2023 年第 5 期。

1. 与被害人达成刑事和解，矛盾纠纷已经化解

根据《治安管理处罚法》第 9 条的规定，对于因民间纠纷引起的打架斗殴或者损毁他人财物等违反治安管理行为，特别是对于民间纠纷引起的故意伤害因公安机关调解而相对不起诉的案件，如果调解协议具有自愿性、合法性且积极履行的，可以不再建议行政机关给予行政处罚。

2. 存在亲属等特殊关系，已取得被害人谅解的

由于当事人之间存在亲属等特殊关系，且已达成调解取得被害人谅解，如果不起诉后建议行政处罚可能造成家庭关系难以愈合、被不起诉人回归家庭困难等不良后果，故对于此类案件没有必要再建议行政机关进行行政处罚。

如对于盗窃家庭成员或者近亲属财物的案件，最高人民法院、最高人民检察院在《关于办理盗窃刑事案件适用法律若干问题的解释》中专门作出解释，旨在维系家庭关系和睦，促进社会和谐稳定。根据该司法解释的精神，对于盗窃家庭成员或者近亲属财物的，若取得了近亲属谅解，作出不起诉决定后，一般不再建议行政处罚。

3. 已经通过有效补救措施、恢复受损法益的

如破坏生态环境的案件，行为人已通过增殖放流、补植复绿等行为承担生态环境修复责任，可视情节不再建议行政处罚。

4. 违法行为应给予行政拘留处罚，但已被公安机关在刑事侦查中采取过拘留、指定居所监视居住等限制人身自由的强制措施的

根据《治安管理处罚法》第 92 条、《公安机关办理行政案件程序规定》第 163 条的规定，对于违法行为应给予行政拘留处罚，但已被公安机关在刑事侦查中采取过拘留、指定居所监视居住等限制人身自由的强制措施的，可视情不再建议行政处罚。

公安部《关于刑事拘留时间可否折抵行政拘留时间问题的批

复》规定，“如果行为人依法被刑事拘留的时间已超过依法被裁决的行政拘留时间的，则其行政拘留不再执行，但必须将行政拘留裁决书送达被处罚人”。根据该规定，对于在实践中应建议作出拘留决定但不执行，还是视情况不再提出检察意见，存在一定争议。对此，笔者认为，对于处罚前科对后期违法行为判定构成实际影响的，可提出检察意见建议处罚并建议折抵。对于处罚前科对后期违法行为判定不构成实际影响的，从节约司法及执法资源及教育与惩罚相结合的原则，不再移送行政机关行政处罚。

5. 其他情形

除上述情形外，还应综合考量同案犯罪嫌疑人、被告人被追究刑事责任、行政责任的情况及类案处理情况等，避免造成处罚失衡。同时对于共同犯罪中的从犯在被不起诉后涉及的行刑反向衔接问题应重点关注。如刑事不起诉中认定了共同犯罪的从犯存在违法事实，但在行政处罚时，行政机关会对实施违法行为的主体进行进一步细分，对于存在雇佣关系或者家庭经营的个体工商户中的夫妻中的一方，行政机关判断会更谨慎，对此应审慎作出制发检察意见决定。

上述无制发检察意见必要性的七类情形有助于解决检察意见发不发的核心问题，这既解决了检察意见的合法性问题，也帮助解决了检察意见的合理性问题。在具体运用的过程中，各地检察机关应进一步明晰行刑反向衔接案件的审查过程，理顺逻辑顺序，遵循明确被处罚对象、确认违法事实、查清法律依据、确定处罚单位及发送对象、有无特殊情形等步骤进行审查，在每个步骤中逐一对照上述七类情形对违法行为的应罚性进行判断，确保检察意见的制发合法且合理，案件办理高质且高效。

（责任编辑：马睿）

基层反向衔接工作的实践问题与解决思路

杨仓仓[*]　郭　榕[**]　蔡星聪[***]

行政执法和刑事司法衔接，又称“两法衔接”，由正向衔接和反向衔接两部分组成。自2001年《行政执法机关移送涉嫌犯罪案件的规定》施行以来，“两法衔接”工作逐渐受到重视并推广开展。检察机关在推进解决正向衔接中的有案不移、有案难移、以罚代刑等问题，实现行政处罚和刑事处罚依法对接方面取得显著成绩，但由于长期对反向衔接重视不足，不刑不罚、应移未移、应罚未罚问题成为突出短板。① 在当前犯罪结构呈现轻罪化趋势下，② “两法衔接”由原来的正向衔接单向发力向正向衔接、反向衔接双向并进转变，反向衔接工作的重要性逐渐突显。如果按照基层检察院每年办

---

* 江西省赣州市人民检察院高新区检察室主任、四级高级检察官。

** 江西省赣州市南康区人民检察院检察委员会专职委员、第四检察部主任、二级检察官。

*** 江西省赣州市南康区人民检察院第四检察部四级检察官助理。

① 参见最高人民检察院《关于推进行刑双向衔接和行政违法行为监督　构建检察监督与行政执法衔接制度的意见》，高检发办字〔2023〕102号。

② 参见《刑事检察工作白皮书（2023）》，载最高人民检察院网，https://www.spp.gov.cn/xwfbh/wsfbh/202403/t20240309_648173.shtml，最后访问日期：2024年5月20日。

案总数占全国检察机关办案总数的 90% 来计算，[①] 基层检察院是办理反向衔接案件的“主力军”。因此，基层检察院反向衔接工作接得好不好，直接关系“两法衔接”制度的发展。基层检察院要深刻认识把握此次检察机关内部分工调整的重大意义，贯彻落实好最高检决策部署，扎实推进反向衔接工作，高质效办好每一个反向衔接案件，奋力实现基层检察工作高质量发展。

一、推进基层反向衔接工作的重要意义

（一）完善基层轻罪治理的有效路径

从《刑事检察工作白皮书（2023）》公布的数据来看，当前轻微犯罪比重持续上升，轻罪案件（判处 3 年有期徒刑以下刑罚）的人数占比从 1999 年的 54.4% 上升至 2023 年的 82.3%。2020 年至 2023 年，全国检察机关分别对 24.9 万人、34.8 万人、51.3 万人、57.8 万人作出不起诉决定。[②] 如此规模的违法行为人未被刑法“定罪量刑”，倘若检察机关简单“不诉了之”处理，不仅对被不起诉人的违法行为未予惩戒，削弱刑法惩治犯罪的作用，也会给社会公众造成不良引导，不利于保障社会安全稳定。要实现不起诉案件的最优办案效果，就要做好“后半篇文章”，严格落实反向衔接制度，对违反行政法律规范的被不起诉人，依法移送有关行政主管机关予以行政处罚，做到“免刑不免责”，防止不刑不罚、应罚未罚，实现“出刑入行”轻罪治理闭环。

---

① 参见李春薇：《固本强基，让检察事业行稳致远》，载《检察日报》2020 年 10 月 14 日。

② 参见《刑事检察工作白皮书（2023）》，载最高人民检察院网，https://www.spp.gov.cn/xwfbh/wsfbh/202403/t20240309_648173.shtml，最后访问日期：2024 年 5 月 20 日。

（二）推进基层行政检察发展的重要举措

行政检察牵头负责反向衔接工作，拓展了行政检察“诉讼外监督”新领域，进一步推动“诉讼内监督”与“诉讼外监督”同向发力格局的发展。长期以来，基层检察院能够办理的行政裁判结果监督案件数量极少，加之行政违法行为监督缺乏直接法律规定，当前基层检察院行政检察工作实际能够有所作为的主要是实质性化解行政争议和行政非诉执行监督。[①] 持续接住并接好反向衔接工作，行政检察可以在“履行法律监督职责中”切入行政主管机关的行政处罚活动。2023 年全国检察机关共对 11.3 万名被不起诉人提出了给予行政处罚的检察意见[②]，跟踪督促检察意见办理情况，及时发现行政主管机关是否依法履行职责、程序是否合法、处罚决定是否合理等问题，并积极开展行政违法行为监督，有助于推动基层行政检察强化监督履职、优化案件结构，构建“四大检察”全面协调充分发展新格局。

（三）促进基层检察工作整体提升的重要契机

此次分工调整，进一步明确了刑事检察部门与行政检察部门的职责，刑事检察部门更加专注刑事犯罪的审查起诉，发现有无“正向衔接”线索；行政检察部门发挥长期对接行政执法部门的优势，负责不起诉后行政处罚的跟进落实。该次调整为基层检察院提供了重要发展契机，各级检察机关处在“同一起跑线”，“领先”“领

---

① 张相军、韩成军、邓烈辉、庞远丽：《基层行政检察作用发挥难之破解》，载《人民检察》2020 年第 18 期。

② 参见《行政检察工作白皮书（2023）》，载最高人民检察院网，https://www.spp.gov.cn/xwfbh/wsfbh/202403/t20240309_648229.shtml，最后访问日期：2024 年 5 月 20 日。

跑”的机遇难得，基层检察院要以打造反向衔接工作品牌为目标，进一步强化统筹调度，优化内部人员配备，建立跨部门协作配合机制，创优外部环境，主动融入市域社会治理体系，推动基层法律监督质效和水平实现新跃升。

二、基层检察院办理反向衔接案件遇到的问题

（一）对不起诉案件中的其他涉案人员如何提出处理意见

反向衔接内容是否仅限于对不起诉人进行行政处罚，在刑事案件中发现的其他行政处罚线索是否也在衔接范围之内？① 根据《关于推进行刑双向衔接和行政违法行为监督　构建检察监督与行政执法衔接制度的意见》的规定，检察机关依法作出不起诉决定后的案件才属于反向衔接案件的范围，对于其他诸如既需刑事处罚又要行政处罚；法院判决无罪或免予刑事处罚后，需要给予行政处罚的案件，并不是此次反向衔接工作的范围。实践中，也发现不起诉案件中尚有其他涉案人员需要给予行政处罚的情形，比如滥伐林木案中，发现尚未对收购、加工、运输明知是非法来源林木的人员给予行政处罚。因此，对其他涉案人员应如何处理？

一种观点认为，在办案中发现其他涉案人员需要予以行政处罚的，通过检察意见一并移送行政主管机关处理；另一种观点认为，《刑事诉讼法》第177条第3款仅明确检察机关可以就被不起诉人提出给予行政处罚的检察意见，将其他涉案人员移送行政处罚的法律依据不足。

笔者认为，检察机关发现需要对其他涉案人员予以行政处罚的，

---

① 参见张孟春、王泽斌：《不仅是一种机制——行刑反向衔接的反思与修正》，载《河北青年管理干部学院学报》2024年第3期。

应当以检察建议的形式向行政主管机关提出。理由如下:

一是根据《刑事诉讼法》第177条第3款的规定,检察机关是对“被不起诉人”提出检察意见,其他涉案人员并非“被不起诉人”。

二是检察机关提出“检察意见”的范围法律已有明文规定,在法律未作修改前,检察机关不宜扩大“检察意见”的适用范围。

三是根据《人民检察院检察建议工作规定》第11条第5项的规定,检察机关在办案过程中发现需要对有关涉案人员予以行政处罚的,可以向有关单位提出改进工作、完善治理的检察建议。因此,检察机关审查发现不起诉案件中的其他涉案人员需要予以行政处罚的,应当向行政主管机关制发检察建议。

(二)基层检察院能否向市级有关主管机关提出检察意见

由于部分行政管理领域开展垂直管理、综合执法改革等原因,基层设立了没有行政执法权限的县(市、区)局(分局),行政执法权限由市级行政主管机关的执法部门统一行使,这给基层检察院办理反向衔接案件造成不便,比如基层检察院对虚开增值税专用发票案件作出不起诉后,需向税务主管机关提出给予行政处罚的检察意见,但基层税务局并无行政执法权限。随着反向衔接案件办案量逐渐增多,基层检察院办理刑事案件与市级行政主管机关负责行政处罚的衔接问题将日益突显,基层检察院应如何应对?

实践中有三种观点:一是由基层检察院向市级行政主管机关提出检察意见,送达给当地相关局(分局),由相关局(分局)移送至市级行政机关;二是基层检察院将案件上报市级检察院,由市级检察院向市级行政机关提出检察意见;三是由基层检察院制作检察意见,报市级检察院审核后转送市级行政机关。

笔者认为,宜采用第一种观点。理由如下:

一是从检察意见的属性看。检察意见的核心是提出意见、移送处理①，即在刑事司法和行政执法信息不对称的情况下，检察机关通过检察意见向行政机关告知行政违法行为线索，以确保违法行为得到相应的法律评价。

二是从提高工作质效看。行政生效裁判监督案件长期呈“倒三角”现象，市级检察院行政检察办案部门存在“案多人少”问题，由各基层检察院报请市级检察院制发或者转送势必加剧“案多人少”矛盾。实践中，经过沟通，基层检察院直接向市级行政主管机关提出检察意见，亦为其所接受。

三是从相关局（分局）的职责看。尽管相关局（分局）已无行政处罚权限，但其仍负有收集移送违法线索、采取扣押等强制措施的职责，市级行政主管机关也会指令局（分局）进行调查取证或者由局（分局）直接使用“执法专用章”作出行政处罚决定，故相关局（分局）代表市级行政主管机关接收检察意见，并由其通过内部程序进行转交亦无不妥。

三、推进基层反向衔接工作的路径思考

（一）加强顶层设计

1. 制订规范性文件

行刑反向衔接不仅要求程序上衔接，更强调实体上协调。② 从最高检行政检察厅发布相关解答意见、典型案例和全国检察机关建立的工作机制等材料来看，反向衔接工作的程序性规定有较为深入的研究，典型案例也对办案中的实体问题有指导作用。但是，目前还缺乏更为具体且权威的办案指引。实践中，也遇到难以确定行政

① 参见赵卿：《不起诉后检察意见的具体应用》，载《人民检察》2023年第3期。

② 李煜兴：《行刑衔接的规范阐释及其机制展开——以新〈行政处罚法〉行刑衔接条款为中心》，载《中国刑事法杂志》2022年第4期。

主管机关、刑事犯罪行为难以被治安管理处罚法评价等问题，需要上级检察院加强业务指导，加快规范性文件供给。

2. 健全“两法衔接”平台

行刑反向衔接阻滞的根源不仅在于规范不足，还在于数据壁垒。[①] 虽然各地已不同程度建成“两法衔接”平台，但还是存在跨平台数据导入不兼容、反向衔接功能较弱等问题，最为重要的是，该平台至今只有行政执法机关单向录入的数据信息，并未创设检察机关录入检察意见的选项。因此，在总结平台建设运用成效的基础上，建议在“两法衔接”平台中增设不起诉案件移送行政处罚模块，并深度关联检察业务应用系统，构建“行政主管机关—侦查机关—检察机关刑事检察部门—检察机关行政检察部门—行政主管机关—反馈检察机关行政检察部门”的线上流转和信息反馈的办案闭环，实现线上移送、反馈、跟踪的全流程监管，提高办案质效。

（二）健全内部协作

1. 深化一体履职

应勇检察长强调，新征程上推动“四大检察”全面协调充分发展，要坚持依法一体履职、综合履职、能动履职。[②] 推进反向衔接工作，要严格按照“一个部门牵头抓总，其他部门各负其责”要求，推进各业务条线、各部门协作配合，形成监督合力。要成立以检察长为组长的反向衔接工作领导小组，检察长亲自办理反向衔接案件，定期召开分析研判会，切实推进反向衔接工作开展。建立反向衔接责任清单和案件流程监管机制，形成刑事、行政检察协作

---

① 邵俊：《数字检察中行刑衔接机制的优化路径》，载《华东政法大学学报》2023 年第 5 期。

② 参见检察日报社评：《坚持一体履职、综合履职、能动履职》，载《检察日报》2023 年 8 月 2 日。

为主、案管等部门协同推进的全院一体履职、综合履职、能动履职工作格局。

2. 改进办案模式

建立行政检察“提前介入”机制，针对刑事检察部门拟作出不起诉决定的案件，依托跨部门联席会议，行政检察部门共同参与案件讨论，提前熟悉案情，掌握被不起诉人基本情况，研判是否需要移送行政处罚以及处罚依据等。建立行政处罚“同步告知”制度，刑事检察部门在会见犯罪嫌疑人、办理认罪认罚、宣告不起诉决定时，同步告知违法行为人可能面临的行政处罚，提高当事人认可度，推动违法行为人自愿接受行政处罚。行政检察部门及时跟进行政主管机关反向衔接案件办理进度，收到回复意见后，第一时间向刑事检察部门反馈，承办检察官及时录入案卡。

（三）强化外部联动

1. 推进“府检联动”

加强检察机关与人民政府之间的联动，通过人民政府高位推动反向衔接工作取得实效。检察机关要积极运用“府检”联动平台，将反向衔接工作纳入“府检”联动主要内容，将检察意见的回复、采纳、落实情况纳入平安建设、法治政府建设等考核体系，充分发挥考核指挥棒作用，推动行政执法机关重视检察意见，提升检察意见的刚性。

2. 召开联席会议

联席会议制度有助于强化刑事司法机关与行政执法机关协作配合，共同解决行刑衔接工作中的疑点、堵点与痛点，提高工作效率。[1] 检察机关要积极牵头召开反向衔接联席会议，就反向衔接案件的多发领域、常见罪名、主要违法情形等内容进行交流研讨，最大范围凝聚共识，推动工作开展。

（四）提升办案能力

1. 培育专业人才

“人才是第一资源”。要落实好最高检关于行政检察队伍建设要求，选配具有刑事办案经验的检察官、检察官助理充实办案团队，为推进反向衔接工作提供人才保障。要持续挖掘内部潜力，加强反向衔接理论研究，积极承接上级院反向衔接工作，总结提炼办案经验，研究制订办案指引，实现“办案 + 总结 + 指导”相结合，为全市开展反向衔接工作提供可行性方案。

2. 借助“外脑”智慧

用好民事行政检察专家咨询网，聘请行政专业人员担任特邀检察官助理，深化行政检察领域检校合作，建立案件专家咨询制度，用好检答网交流学习平台，把每一个反向衔接案件办成高质量案件。

3. 聚焦数据赋能

数字技术是检察工作迈入现代化的“路”和“桥”，推进反向衔接工作同样离不开大数据模型。通过数据分析、数据碰撞、数据挖掘发现治理漏洞或者监督线索，推动反向衔接办案模式从“个案为主、数量驱动”向“类案为主、数据赋能”转变。

四、结语

《中共中央关于全面推进依法治国若干重大问题的决定》指出，

① 刘艳红、周佑勇：《行政刑法的一般理论》（第2版），北京大学出版社2020年版，第310页。

要“健全行政执法与刑事司法衔接机制”。中共中央、国务院印发的《法治政府建设实施纲要（2021—2025 年）》强调，要“完善行政执法与刑事司法衔接机制，加强‘两法衔接’信息平台建设，推进信息共享机制化、案件移送标准和程序规范化”。推进“两法衔接”，特别是反向衔接工作，有利于检察机关健全法律监督职能，形成严密法治监督体系，促进实现国家和社会良法善治，为市域社会治理现代化贡献检察力量。

（责任编辑：朱荣力）

北京市人民检察院第三分院
涉刑企业行政监管大数据法律监督模型

【关键词】

涉刑企业行政监管　大数据监督模型　吊销营业执照　变更登记备案　类案监督

【要旨】

针对行政机关因信息壁垒对于涉刑事犯罪企业未及时履行吊销营业执照等监管职责，以及对企业未就法定代表人、董事、监事及高级管理人员变更登记或备案等监管不到位的情形，检察机关依托检察业务应用系统、裁判文书网站、国家企业信用信息公示系统等相关数据，建用大数据监督模型开展类案监督，督促行政机关加强行政监管，优化法治化营商环境。

【线索发现】

北京市人民检察院第三分院在办理当事人诉某区市场监管局颁

发营业执照行政生效裁判监督系列案件中发现企业涉刑后并未被采取相应的行政监管措施。当事人与两家企业签订《民间融资登记服务协议》并向两家企业出借本金，后两家企业停付本息，法院刑事判决确认相关人员犯非法吸收公众存款罪。当事人诉至法院要求确认市场监管局发放营业执照市场准入的行政行为无效，被人民法院裁定不予立案。经审查法院裁定并无不当，但涉案的两家企业工商登记状态仍为存续状态。

北京市人民检察院第三分院梳理相关刑事案件发现此类情况并非个案，同时还发现企业的法定代表人、董事、监事、高级管理人员（以下统称高管人员）被判处特定刑罚已不符合任职资格但未变更登记备案。相关企业涉及刑事犯罪后仍然存续未被采取行政监管措施，相关市场主体未对不符合任职规定的高管人员进行变更登记、备案，这些问题的持续存在对良好市场秩序的维护以及社会公众合法权益的保护具有不利影响。检察机关通过对检察机关内部数据、法院裁判数据、行政机关外部数据的整合、碰撞、分析比对，发现监督线索开展类案监督，有利于净化市场环境，保护公众合法权益，营造良好的法治化营商环境。

【数据赋能】

本模型汇集了全国检察业务应用系统、中国裁判文书网、威科先行法律信息库、天眼查、国家企业信用信息公示系统等数据信息。

本模型主要依据《防范和处置非法集资条例》、《公司法》（2018 年修正）、《市场主体登记管理条例》等相关规定进行构建。具体研判思路为：

（一）数据来源

一是起诉书、案件审查报告（源于全国检察业务应用系统）；二是刑事生效裁判文书（来源于中国裁判文书网、威科先行法律信息库）；三是企业工商登记信息（来源于天眼查、国家企业信用信息公示系统）。

（二）数据要素

数据要素包括涉刑罪名、涉刑企业名称、涉刑高管人员、涉刑事实、被判处刑罚时间、工商登记状态等信息。

（三）监督模型

设定市场监管部门未针对涉刑企业采取吊销营业执照等监管措施、未针对市场主体未就高管人员变更登记备案情形采取监管措施两个监督点。具体如下：

监督点一：市场监管部门未针对涉刑企业采取吊销营业执照等监管措施。

根据《防范和处置非法集资条例》第27条规定：为非法集资设立的企业、个体工商户和农民专业合作社，由市场监督管理部门吊销营业执照。《公司法》（2018年修正）第213条规定：利用公司名义从事危害国家安全、社会公共利益的严重违法行为的，吊销营业执照。通过设置关键词，筛查应当进行监管而未采取监管措施的数据。

第一步：通过检察业务应用系统整理采集检察机关起诉书、案件审查报告，并以非法吸收公众存款罪、集资诈骗罪为关键词，筛查出相关案件后，对上述案件信息进行结构化处理，提取涉案企业名称。

第二步：将提取出的涉案企业名称与刑事生效裁判文书核对，确认企业涉刑事实的情况。

第三步：将涉刑企业与天眼查显示的企业工商登记信息进行比对，筛查登记状态仍为存续的企业信息，并通过国家企业信用信息公示系统进一步比对确定。

第四步：汇总涉及集资诈骗、非法吸收公众存款罪但工商登记状态仍为存续、未被吊销营业执照的企业信息。

监督点二：市场监管部门未针对市场主体未就高管人员变更登记备案情形采取监管措施。

根据《公司法》（2018 年修正）第 146 条第 1 款规定，因贪污、贿赂、侵占财产、挪用财产或者破坏社会主义市场经济秩序，被判处刑罚，执行期满未逾 5 年，或者因犯罪被剥夺政治权利，执行期满未逾 5 年，不得担任公司的董事、监事、高级管理人员。根据《市场主体登记管理条例》第 8 条第 1 款、第 9 条规定，市场主体的一般登记事项包括法定代表人姓名；市场主体的公司董事、监事、高级管理人员事项应当向登记机关办理备案。根据第 12 条规定，因贪污、贿赂、侵占财产、挪用财产或者破坏社会主义市场经济秩序被判处刑罚，执行期满未逾 5 年，或者因犯罪被剥夺政治权利，执行期满未逾 5 年，不得担任公司、非公司企业法人的法定代表人。根据第 25 条规定，公司、非公司企业法人的法定代表人在任职期间发生本条例第 12 条所列情形之一的，应当向登记机关申请变更登记。根据第 46 条、第 47 条规定，市场主体未依照本条例办理变更登记的，由登记机关责令改正；拒不改正的，处 1 万元以上 10 万元以下的罚款；情节严重的，吊销营业执照。市场主体未依照本条例办理备案的，由登记机关责令改正；拒不改正的，处 5 万元以下的罚款。

第一步：通过企业信用信息公示网整理前述涉刑企业的高管人

员信息。

第二步：将涉刑高管人员信息同刑事生效裁判文书比对，确定高管人员被判处刑罚的罪名、时间。

第三步：将高管人员被判处刑罚的信息与其担任高管职务的企业工商登记信息进行比对，确定企业是否进行变更登记、备案。

第四步：汇总被判处特定刑罚且未超过法定期限、市场主体未变更登记备案的信息。

【类案监督】

通过本监督模型，北京市人民检察院第三分院筛查出辖区内工商登记状态仍为存续的涉刑企业25家，不符合任职条件未变更登记或备案的高管人员13人，此外还拓展场景范围，筛查出全市涉刑企业75家，根据公司法、《防范和处置非法集资条例》、《市场主体登记管理条例》等规定，向区级市场监管部门制发检察建议，向市级市场监管部门制发情况通报，督促行政机关加强行政监管，及时依法履职，维护市场秩序。

（责任编辑：刘浩）

浙江省乐清市人民检察院行政罚款类案执行监督大数据法律监督模型

【关键词】

行政检察　大数据监督　行政罚款　行政处罚

【要旨】

针对实践中行政罚款“处罚不当”“罚而未执”“罚执错误”等问题，检察机关从第三方获取已公开、低敏感数据，有效解决“数据源”问题，构建简单易操作的行政罚款类案执行监督模型，实现从任一“小切口”入手均能高效获取监督线索。该监督模型充分发挥行政检察“一手托两家”职能优势，不仅实现对执行活动的监督，还可覆盖行政违法行为监督。

【线索发现】

2020 年，浙江省乐清市人民检察院在审查水利部门申请法院强制执行行政罚款案件中，发现有 35 件案件因超期申请被法院裁定不予受理，涉及金额 145 万元；另发现终本执行案件中，存在被执行企业因破产注销而未被终结执行的情形。经综合研判，行政机关怠于行使乃至违法行使行政罚款职权现象一定范围内存在，人民法院未精准掌握市场主体注销信息导致执行裁定错误情形时有发生。实践中，检察机关因信息不对称，难以知晓和获取相关案件情况，在当前全国检察机关加快推进数字检察战略赋能法律监督的大环境下，部分检察机关苦于数据壁垒或缺乏数据应用平台，难以通过大数据赋能实现精准监督。

【数据赋能】

为解决以上问题，浙江省乐清市人民检察院通过对上述常见违法点的特性分析，发现仅需比对行政罚款数据和罚款缴纳数据即可初步获取行政罚款执行情况，比对法院终结本次执行程序案件数据与市场主体注销数据即可获取被执行人被注销主体资格的情况。结合大多数地区行政处罚数据在当地大数据局或“政务信息公开网”已归集，终结本次执行程序案件数据在互联网“中国执行信息公开网”可获取，因此仅需再获取行政罚款缴纳数据和市场主体注销数据，就能实现数据分析比对。而行政罚款缴纳数据敏感性低，较易获取，市场主体注销数据本身属公开数据，就此开展数字检察具有一定的可行性和必要性。

行政罚款执行活动类案监督模型主要依据行政处罚法、行政强制法、行政诉讼法、最高人民法院《关于人民法院执行工作的若干问题的规定（试行）》、最高人民法院《关于严格规范终结本次执行程序的规定（试行）》、最高人民法院《关于公布失信被执行人名单信息的若干规定》、最高人民法院《关于适用〈中华人民共和国公司法〉若干问题的规定》和办案经验，共设置筛查规则 14 条，针对 3 个常见监督点筛查个案违法情形。研判思路为：

（一）数据来源

一是行政罚款数据，来源于行政机关、各地政务信息公开网、大数据局或行政执法监督局；二是行政罚款缴纳数据，来源于财政部门；三是市场主体注销数据，来源于市场监管部门、国家企业信用信息系统或企查查；四是法院终结本次执行程序数据，来源于中国执行信息公开网或人民法院。

（二）数据要素

行政罚款数据要素，包括被处罚人名称、行政处罚文号、罚款金额、行政处罚作出日期；行政罚款缴纳数据要素，包括根据不同执收单位进行分类，缴款人姓名、行政处罚文号、缴款金额、缴款日期；市场主体数据要素，包括被注销市场主体名称、注销日期；法院终结本次执行数据要素，包括被执行人名称、执行案号、执行标的、终本日期。

（三）监督模型

设定“行政行为违法”“法院审查环节违法”“法院执行实施环节违法”3个监督点。具体如下：

监督点一：行政行为违法。

（1）行政机关违法减免行政罚款、加处罚款；

（2）行政机关违法免予执行行政罚款；

（3）行政机关超期未申请强制执行；

（4）行政机关对已注销市场主体作出行政处罚；

（5）行政机关立案后未依法作出处理决定违法结案；

（6）行政处罚决定书未送达相对人；

（7）行政机关对同一违法行为重复作出行政罚款决定；

（8）已公开的行政处罚决定被撤销、变更或确认违法的，行政机关未依法撤回行政处罚决定信息。

监督点二：法院审查环节违法。

（1）法院对行政处罚决定前已注销市场主体的非诉执行案件，

裁定准予强制执行；

（2）法院对行政处罚决定作出后申请强制前已注销市场主体的非诉执行案件，裁定准予强制执行。

监督点三：法院执行实施环节违法。

（1）法院裁定准予强制执行后未移送执行；

（2）法院对已被宣告破产的被执行人案件未裁定终结执行；

（3）法院对恶意注销逃避执行的被执行人案件，未及时通知申请执行人变更被执行人；

（4）法院未及时发放执行款。

（四）筛查数据，发现异常

1. 开展数据比对

第一步：通过“行政处罚文号”“金额”要素，对比行政罚款数据与行政罚款缴纳数据，得到疑似未缴行政罚款数据。若原始数据中缺失“行政处罚文号”，则对比之后也会被归类于疑似未缴行政罚款数据，需进一步对比。

第二步：通过“名称”“金额”“时间（处罚时间、缴款时间）”要素，将第一步获得的疑似未缴行政罚款数据与行政罚款缴纳数据进一步对比，得到未缴纳行政罚款数据。

第三步：通过“名称”“金额（罚款金额、执行标的）”要素，对比未缴纳行政罚款数据与法院终结本次执行程序数据，得到未进入法院执行程序的未缴罚款数据。

第四步：以“行政处罚作出日期”距今已超12个月[①]为条件，对第三步得到的数据进行筛选，得到法定期限内未进入法院执行程

① 行政起诉期限6个月、行政机关申请法院强制执行3个月、行政非诉执行期限3个月。

序的未缴罚款数据。

第五步：通过“名称”要素，对比市场主体注销数据与法院终结本次执行程序数据，获取终本被执行人已被注销主体资格数据。

可根据调取数据的现实情况，选择性地执行以上分析步骤。如果有法院行政非诉执行案件、行政审判数据，可作为终本案件数据的上位替代。

2. 开展调查核实

结合获取的未缴或未全额缴纳罚款数据，可辅以“中国执行信息公开网”数据，获取未被法院强制执行数据清单，将该清单交由

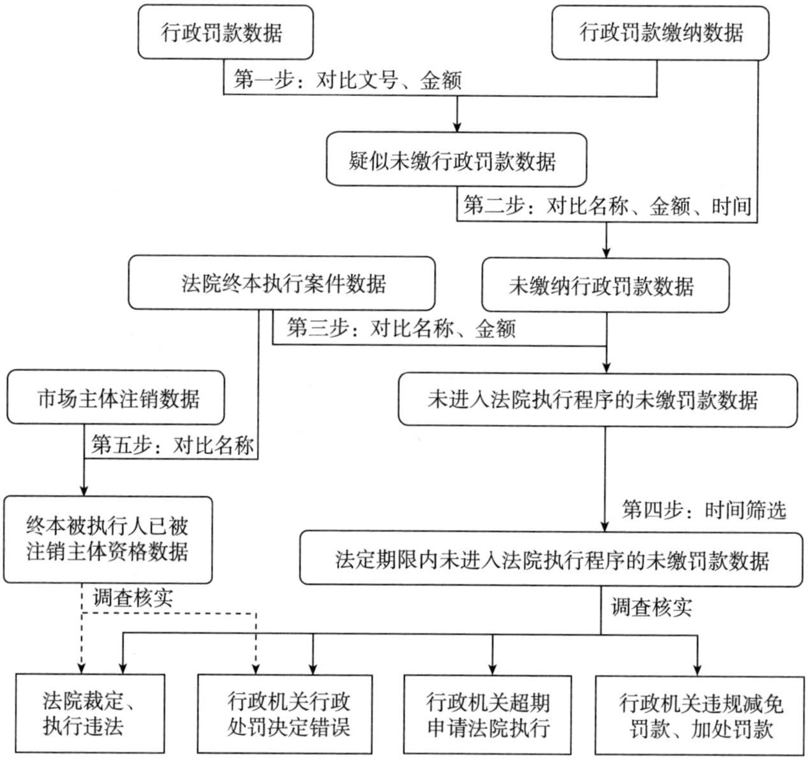

图 1　思维导图

被监督行政机关核对，排除行政机关反馈已申请法院执行数据后，获取行政机关违法减免罚款、怠于申请执行、行政处罚错误、未依法撤回已公开被变更的行政处罚决定信息等行政行为违法线索；针对行政机关反馈的已申请法院执行数据，再与终本案件数据比对，获取法院未移送执行或未及时发放执行款线索；之后精准调取相关案件材料开展监督。

同时对获取终本被执行人已被注销主体资格数据，通过对市场主体注销时间分析，获取行政处罚违法、法定裁定行为违法、法院执行实施违法线索，调取相关案件材料开展监督。

【类案监督】

一是依托检察一体履职，有效验证模型监督成案率，扩大数字办案效果。在浙江省温州市人民检察院的指导下，乐清市人民检察院运用该监督模型梳理发现 4 家行政单位共计 32 起案件存在行政违法，主要包括违法处罚、违法减免罚款本金及加处罚款、怠于申请强制执行、对已公开的行政处罚决定被变更后未依法撤回等情形。人民法院 15 起执行案件存在违法情形，主要包括对宣告破产被执行人未裁定终结执行、对裁定前已注销被执行人准予强制执行裁定错误等情形。就此分别向法院、行政机关制发检察建议提出监督纠正意见，并推动被监督单位建章立制规范执法，目前已追回罚款 12 余万元。后温州市人民检察院将该数字检察监督模型纳入市院 S1 一本账，截至目前全市 12 个基层院均监督成案，共挖掘行政罚款不当监督线索 1028 条，开展类案监督 78 件。2023 年，该模型入选“浙江省检察机关数字监督办案指引（第九批）”。

二是注重社会治理，推动建章立制规范执法，有力服务营商环境。针对市场监管部门注销预警系统存在监管漏洞，对已申请法院强制执行行政处罚案件未能纳入监管，导致对罚款尚未执行完毕的市场主体准予注销登记且未申请追加被执行人的违法情形，通过制发社会治理检察建议，督促依法规范注销监管。同时针对在刑事案件办案中发现未及时限制涉罪企业办理注销登记致使刑事责任难以追究，行政案件中法院、行政机关未精准掌握企业注销信息导致执行裁定、决定错误、行政处罚错误等情形，积极能动履职，助力补漏建制，牵头并联合市法院、市公安局、市司法局、市市场监督管理局出台《关于加强市场主体登记事项信息共享实施办法（试行）》，建立健全数据共享、约束提醒、当事人审查、债权申报提醒等机制。

（责任编辑：刘浩）

云南省曲靖市人民检察院
新建住宅燃气工程安装费监督
大数据法律监督模型

【关键词】

行政检察　数据赋能　违法收取燃气工程安装费　检护民生

【要旨】

对新建住宅小区违法收取燃气工程安装费，梗阻了国家惠民政策落实的最后一公里，损害群众合法权益，检察机关通过个案办理、构建模型推动类案监督，促进行业长效治理，维护人民群众合法权益。

【线索发现】

曲靖市检察机关在办理云南某置业有限公司诉某县市场监督管理局行政处罚案时发现，该案涉新建住宅小区违法收取燃气工程安装费，违反了国家发展和改革委员会《关于加强配气价格监管的指导意见》第 7 条“城镇居民新建住宅，燃气工程安装费等纳入房价，不再另外向燃气用户收取”的规定，损害购房者合法权益。该案群众关注度高，还引发辖区群众信访，后经调查核实，发现曲靖市辖区内多个县市普遍存在此类违法问题，易引发诉讼和信访问题，激化社会矛盾。为切实督促行政机关履行监管职责，借助大数据赋能构建监督模型，并开展类案监督。

【数据赋能】

以法律法规、政策文件确定的燃气工程安装费收取标准、收取主体、收取时间及方式为前提，通过获取已经取得商品房预售许可证的房地产项目收取燃气工程安装费的相关数据，进行数据比对、碰撞，筛查出一批监督线索，调查核实违法行为的成因，分析法院审判和行政机关履职是否合法合理，开展专项治理。

本模型主要依据价格法、《价格违法行为行政处罚规定》、《城镇燃气管理条例》、国家发展和改革委员会《关于加强配气价格监管的指导意见》，以及国家发展和改革委员会、住房和城乡建设部、国家市场监督管理总局《关于规范城镇燃气工程安装收费的指导意见》等法律规定和文件精神进行构建，具体研判思路如下：

（一）数据来源

一是新建住宅燃气工程安装费收费数据，来源于住建部门，由市住房和城乡建设局提供；二是行政处罚情况，来源于市场监管部门，由市市场监督管理局提供；三是涉燃气工程安装费行政复议案件数据，到市司法局调取数据；四是涉未经行政复议而行政诉讼立案的数据，来源于中国裁判文书网等。

（二）数据要素

一是法院径行立案数据要素，包括被告名称、案由、处罚内容。二是市住建局房地产项目数据要素，包括新建住宅小区名称、预售登记许可时间、燃气安装费收取时间、收费金额、收取对象。三是市场监管局调取行政处罚数据要素，包括被处罚人名称、基本案情、处罚金额、处罚时间。

（三）监督模型

监督点一：法院不当立案。

（1）研判规则：对不服行政机关针对燃气工程安装费作出的行政处罚未经行政复议即向人民法院提起诉讼，法院径行作出立案决定的，可对法院不当立案开展监督。

第一步：根据调取的未经复议径行立案的行政裁判文书，查找案涉事由、行政机关、处罚内容、适用法律、被告是否包含复议机关。

第二步：通过设置选项碰撞比对，对未经复议径行立案的案件进行进一步核查。

（2）法律依据：《价格违法行为行政处罚规定》第20条规定，“经营者对政府价格主管部门作出的处罚决定不服的，应当先依法申请行政复议；对行政复议决定不服的，可以依法向人民法院提起诉讼”。

监督点二：超标准收费。

（1）研判规则：2019年1月1日至10月1日，普通住宅燃气工程安装费不超过2700元，独立住宅不超过4000元，2019年10月1日后普通住宅燃气工程安装费下调为不超过2500元。如房地产开发企业超标准收费，可对市场监督管理局应依法进行行政处罚而没有处罚或者处罚不当的行为进行监督。具体如下：

第一步：从住建局调取的房地产收取燃气工程安装费的收费标准与文件规定的燃气工程安装费最高限额进行比对。

第二步：从住建局调取的数据与文件可知，2019年1月1日至10月1日普通住宅超过2700元、别墅超过4000元即为违法收取，

2019年10月1日普通住宅超过2500元、别墅超过4000元即为违法收取，可监督住建部门、市场监督管理部门依法履职。

（2）法律依据：《价格法》第12条，《价格违法行为行政处罚规定》第3条。曲靖市发展和改革委员会《关于曲靖市住宅燃气管道工程配套建设收费标准的通知》、曲靖市发展和改革委员会《关于调整城镇燃气工程安装费标准的通知》等文件对具体数额的规定。

监督点三：燃气企业违法直接面向燃气用户收取燃气工程安装费。

（1）研判规则：如存在燃气企业直接面向燃气用户收取燃气工程安装费的情形，可监督发改、住建部门依法处理。具体如下：

第一步：将从住建局调取房地产企业收取燃气工程安装费的收费来源进行比对。

第二步：进行数据比对，燃气工程安装费应包含在房价内，如由燃气企业直接向购房者收取即为违法，对向企业收取的也应进一步调查核实，是否企业再次向购房用户收取。可监督发改、住建部门依法履职。

（2）法律依据：《城镇燃气管理条例》第5条、第29条。国家发展和改革委员会《关于加强配气价格监管的指导意见》，国家发展和改革委员会、住房和城乡建设部、国家市场监督管理总局《关于规范城镇燃气工程安装收费的指导意见》等文件进行了规定。

监督点四：未按规定时间、方式收取。

（1）研判规则：如存在居民新建住宅燃气工程安装费等未统一纳入建房成本，单独或重复向燃气用户收取的情形，可监督发改、住建、市场监管等部门依法处理。具体如下：

第一步：将从住建局调取收取燃气工程安装费的时间节点数据与收取房款时间数据进行比对。

第二步：进行数据碰撞，燃气工程安装费应包含在房价内，如房地产开发企业重复收取或者未包含在房价内收取即为违法。可监督发改、住建、市场监管部门依法履职。

（2）法律政策依据：国家发展和改革委员会《关于加强配气价格监管的指导意见》，国家发展和改革委员会、住房和城乡建设部、国家市场监督管理总局《关于规范城镇燃气工程安装收费的指导意见》，云南省发展和改革委员会《关于降低偏高的住宅燃气工程安装收费标准有关事宜的通知》，曲靖市发展和改革委员会《关于曲靖市住宅燃气管道工程配套建设收费标准的通知》，曲靖市发展和改革委员会《关于调整城镇燃气工程安装费标准的通知》等文件。

【类案监督】

一是检察一体，全市开展专项监督。为充分履行法律监督职能，曲靖市人民检察院出台了《曲靖市检察机关开展新建住宅小区燃气工程安装费行政违法行为专项监督实施方案》，到市住建局、市场监督管理局调取数据3096条，涉及小区258个，住宅101979户。导入模型后，推送违法线索77条，并将线索推送各县、市（区）院开展调查核实，向行政机关制发检察建议，推动行政机关督促房地产开发企业规范新建住宅小区258个规范收取燃气工程收费，退费21万余元，推动某县政府废止会议纪要一个，出台《关于房地产开发企业在项目开发建设中违规收取燃气工程安装费问题的整改通知》。

二是党委支持，督促政府开展系统治理。针对全市燃气工程安装费未纳入房价收取的行业性问题，检察机关向市委报送检察专报，获市委主要领导批示，分管副市长牵头发改、住建、市场监管等部门联合开展专项整治。对检察建议落实不到位的，按照与纪检监察机关建立的工作机制，将线索移送纪检监察机关处置。

三是能动履职，平等保护民生及企业权益。燃气工程安装费涉及千家万户切身利益，通过数据赋能发现全市存在的问题，高质效履职，推动行政机关加强监管，既解决群众急难愁盼问题，也引导和促进企业守法合规经营、开展争议化解减少诉累，将办案效果转化为社会治理效能，获得人民群众和代表委员的点赞。

（责任编辑：高鹏志）

行政检察护航法治化营商环境路径探析*

李　辰　等**

一、行政检察护航法治化营商环境的背景和意义

（一）行政检察护航法治化营商环境的背景

1. 政策背景

2018年以来，国务院成立了隶属于“放管服”改革协调小组的优化营商环境专题工作组，并先后下发了《全国深化“放管服”改革优化营商环境电视电话会议重点任务分工方案的通知》《关于进一步优化营商环境更好服务市场主体的实施意见》等一系列文件，对优化营商环境工作作出了部署。其中一项为加大监管执法力度，

---

* 本文系最高人民检察院行政检察厅确定的2023年十大行政检察重点理论和实践课题之一“行政检察护航法治化营商环境”的研究成果。

** 课题主持人：李辰，北京市通州区人民检察院党组书记、检察长。课题组成员：万进良，北京市通州区人民检察院党组成员、副检察长；张步峰，中央民族大学行政法教授、教研室主任；刘志峰，中央民族大学行政法副教授；李晓睿，北京市通州区人民检察院检察官助理；邵子纯，中央民族大学宪法与行政法硕士研究生。

市场竞争更加公平有序。《优化营商环境条例》的出台，从国家立法的层面将各地区、各部门在实践中被证明是行之有效的、人民群众满意的、市场主体支持的举措通过立法方式明确下来，从政策支持走向立法保护，营商环境建设进入新阶段。

党的二十大作出“优化民营企业发展环境，依法保护民营企业产权和企业家权益，促进民营经济发展壮大”的重要部署，中央经济工作会议上也提出了关于“坚持推动经济发展在法治轨道上运行”的要求，最高人民检察院决定 2023 年在全国检察机关部署开展行政检察护航法治化营商环境小专项活动。

2. 法治化营商环境建设进程

“法治化营商环境”概念最早是在党的十八届三中全会中提出，正式上升到国家决策层面，国务院颁布的《优化营商环境条例》首次站在国家层面对营商环境进行了概念界定，从主体保护、监管执法、法律保障等五个方面对我国营商环境的优化进行了规定。《优化营商环境条例》、外商投资法等法律法规的出台旨在改善投资环境、促进营商环境法治化，表明我国营商环境建设已经迈入高速发展的法治化时代。

（二）行政检察护航法治化营商环境的意义

1. 理论价值及实践价值

目前国内对于从行政检察职能角度出发保障法治化营商环境的研究较少，大部分研究聚焦于刑事检察，而忽略了行政检察新兴职能对于社会治理和政府建设的重要作用；抑或是虽提到行政检察在社会治理中的地位作用和手段，但是论述中缺乏在实践中所面临的实际问题分析和解决办法，说服力不强。同时，在剖析行政检察在社会治理和政府建设过程中行政检察本身存在的问题方面仍有欠缺。在最高检开展护航法治化营商环境专项活动以后，虽然各地检察机关已在此领域探索实践总结出可行的经验，但目前理论界对于实践中存在机制问题没有总结归纳，尚未形成系统性研究。因此，现亟须填补服务营商环境法治化中行政检察作为“四大检察”之一未能充分发挥作用的空白，提出行政检察职能的具体实现路径。

2. 行政检察参与营商环境法治化建设的必要性

我国目前正处于经济转型发展的关键时期，营商环境无疑能够为各类市场主体进行各种经济活动创造公平竞争、互利共赢的优良外部条件，故而打造营商环境法治化的任务具有紧迫性和必要性。

除了前文提到的政策层面，就实践层面来讲，在社会治理模式的转型中，司法治理是不可或缺的一部分。行政检察注重社会治理，其不仅是对行政机关依法行政强有力的监督，也是对营商环境的各方主体提供了保障服务。人民检察院在法律监督过程中，促进行政机关依法行政，助力良好营商环境的建设。且从长远来看，行政检察在营商环境法治化建设中不断发挥作用，也是社会文明全面发展，法治化水平不断提高的应然要求。

就理论层面分析，行政检察参与营商环境法治化建设具备一定的理论基础：第一，检察机关的宪法定位是法律监督机关，行政检察是法律监督的一个方面。在社会治理中，虽然参与主体呈现多元化形态，但是不论各参与主体职能如何，都必须在法律的框架下开展治理活动，法律与监督密不可分。第二，自党的十八大以来，国家治理体系和治理能力现代化的要求，检察机关是党的政策的执行者，是人民利益的守护者，因此以行政检察注重社会治理，参与营商环境法治化建设，是应当严格遵循的政治方向。①

① 参见王文惠、袁江：《检察机关参与社会治理的内在逻辑与路径分析——以检察建议为视角》，载《贵州师范大学学报（社会科学版）》2022 年第 3 期。

二、行政检察监督服务营商环境的司法实践

（一）加强涉市场主体行政诉讼监督

检察机关应当加大涉企行政生效裁判、调解的监督力度，综合运用抗诉、再审检察建议等监督方式，刚柔并济，依法保障和服务一流营商环境。其一，多措并举全面加强对诉讼活动的监督，通过加强生效裁判监督、深化审判活动监督、加大执行监督力度等方式落实诉讼监督制度。在案件办理过程中需坚持目标导向，对标对表最高检办案质效主要评价指标，运用好调查核实、公开听证、智慧借助、案例检索等审查措施，进一步提升监督的精准度。加强提抗案件的事前沟通和对监督案件的跟进监督与跟踪问效。抗诉案件的再审裁判仍符合抗诉条件的，依法再次提出抗诉或者提请上级人民检察院监督。同时要认真落实检察建议备案审查制度。在依法监督人民法院错误裁判的同时，更加注重通过制发检察建议督促行政机关依法履职。强化对司法活动的制约监督。加强与纪检监察、人民法院、行政机关和本院职务犯罪办案部门的联系与配合，建立线索双向移送与反馈机制，形成监督合力。其二，综合运用监督方式，切实增强行政诉讼监督质效。各级检察机关在开展市场主体权益保障小专项中，在办案中综合运用抗诉、再审检察建议等法律监督方式和公开听证、领导包案、促成和解等多种监督措施，严格执行案件影响和风险研判，做到“一案四查”，促成一批涉企行政争议实质性化解，切实为企业纾难解困。同时各级检察机关通过积极畅通申请监督渠道，依法保障各类市场主体的申诉权，注重倾听当事人诉求，组织涉企当事人进行和解，高效化解涉企矛盾纠纷。各级检察机关在办案中严格落实精准监督要求，严把提抗案件质量关和抗诉、再审检察建议备案审查关，加强监督案件的沟通跟进，努力消

除检察院、法院认识分歧，提高抗诉改变率和再审检察建议采纳率。

（二）探索针对行政规范性文件的审查新方式

行政规范性文件覆盖行政管理的各个领域，是对公民、法人和其他组织权利义务具有普遍约束力的“红头文件”，更是行政机关依法履职的重要依据。检察机关作为法律监督机关，判断行政规范性文件的制定与适用是否属于正确实施法律，是其专业领域。检察机关能够依托现有的行政检察工作平台，主动总结分析行政违法高发领域案件，从而发现有关行政规范性文件存在的缺陷与风险。为了持续优化营商环境，检察机关应充分发挥检察职能，加强针对市场主体的行政规范性文件监督。目前各地检察机关针对市场主体的行政规范性文件监督，在实践中探索出事前监督与事后监督相结合的全流程监督经验，进一步推动优化营商环境。

其一，构建检察机关与行政机关的事前联系机制。检察机关事前参与到涉市场主体的行政规范性文件的制定过程中，与行政机关通过合力提升规范性文件制定质量，健全制度化监管规则，从而有效发挥规范性文件在改善营商环境中的重要作用。如大庆市检察机关在开展行政检察推动新型住宿业态妥善管理工作中，尝试推动和新型住宿业态相关的行政管理部门结合大庆的地方特色、本地新型住宿业态呈现的特点，依照现有规定，找准简政放权、放管结合、优化服务之间的契合点，制定部门联合性文件明确监管标准和管理方式，在切实降低制度性交易成本的同时，为推动地方性法规的制定进行有益探索，实现有法可依、科学施治。

其二，检察机关在办案过程中发现行政规范性文件存在问题的，向地方人大常委会提出审查要求，审查工作由地方人大常委会承担。如山西省为促进市场监督管理领域法治建设，建立健全行政检察与市场监督管理行政执法衔接工作机制，制定了山西省运城市人民检察院、运城市市场监督管理局《关于建立行政检察与市场监督管理行政执法衔接工作机制的实施意见》，第5条规定，“检察机关在履行监督职责中……发现本级市场监督管理部门在行政执法过程中所依据的行政规范性文件存在合法性问题，应及时向有关制定主体提出意见建议，或向本级人大常委会提出合法性审查建议”。

其三，检察机关在办案过程中发现行政规范性文件存在问题的，直接向有关行政机关制发检察建议。在某置业有限公司诉四川省某市水务局不履行法定职责检察监督案①中，某市人民检察院受理案件后，针对置业公司提出函〔2019〕221号文件造成市场垄断的问题，建议某市水务局进一步修订完善相关验收文件，维护自来水安装工程市场公平竞争机制。2022年10月24日，某市水务局出台《关于进一步加强某市主城区自来水安装工程技术审核及验收工作的通知》，明确停止执行函〔2019〕221号文件。

（三）深化涉市场主体行政违法行为监督

行政机关或超越法律加重了对企业的处罚，或越权减轻了企业应履行的法律责任，在法律规定范围之外，都是对营商法治环境的破坏，都有纳入法律监督范围的必要。各地检察机关立足于监督职能，积极稳妥开展行政违法行为监督，在开展涉市场主体行政违法行为监督工作中积累了相应工作经验。检察机关以行政违法行为监督为抓手，持续优化法治营商环境，促进经济社会平稳健康发展，为市场主体生产经营保驾护航。

其一，明确涉市场主体行政违法行为检察监督范围。各地检察

---

① 最高人民检察院“检察为民办实事”——行政检察与民同行系列典型案例（第十三批）（2023年）。

机关在开展涉市场主体行政违法监督行动中，通过以内容列举的方式，针对行政处罚、行政强制、行政许可等行政行为，分门别类明确地提出了可以监督的违法情形清单，进一步明确工作重点。如江苏省连云港市海州区检察院起草了《关于推进行政违法行为检察监督，着力优化法治营商环境工作的实施办法》，其中分门别类明确提出了检察机关可以监督的三张违法情形清单：一是违法罚款，违法没收所得，非法没收财物，违法责令停产停业、违法暂扣或者吊销许可证，非法暂扣或吊销执照，违法行政拘留等违法行政处罚行为。二是违法限制公民人身自由，违法查封场所、设施或者财物，违法扣押财物，违法冻结存款、汇款等违法行政强制措施行为。三是针对特定领域，未按规定赋予特定权利，未按规定确定具备特殊信誉、特殊条件或者特殊技能等资格、资质，未按照技术标准、技术规范通过检验、检测、检疫等方式进行审定等未按规定实施行政许可事项。

其二，明确涉市场主体行政违法行为检察监督方式。在开展涉市场主体行政违法行为检察监督中，检察机关发出检察建议，督促行政机关将履行不全面或者不正确的职责履行完毕并纠正，对于履职重点，为避免再次发生提出制度性建议。搭建沟通平台，组织召开座谈会，向各方释法说理，对于对行政决定不具有实质影响的工作瑕疵，认定其瑕疵，同时对行政决定进行实质性分析，充分释法说理，促成行政争议矛盾的化解。

其三，以个案监督推动类案监督，以点带面及时防范化解系统性风险。通过加强类案监督，以个案为切入点，进行典型案例推介，为办理同类型市场主体权益保护行政违法行为监督案件提供范式。通过密切关注民营企业发展中的新情况新问题，深度运用大数据，搭建数据应用平台，加强对涉企行政检察案件数据归集，形成大数据池，通过数据赋能，锁定行政机关不作为、乱作为等情况。

通过以个案监督推动类案监督，开展专项活动，注重总结涉企工作中发现的普遍性、倾向性问题，及时堵塞市场监管漏洞。如湖南省人民检察院通过总结岳阳市云溪区人民检察院通过履行行政违法行为监督职能维护种子店等个体经营户权益典型案例，对该案例进行推介，为全省办理涉农市场主体权益保护行政违法行为监督案件提供了范式。

（四）促进涉市场主体行政争议实质性化解

人民检察院在履行法律监督职责中，应当充分保护企业合法权益，注重审查引发行政争议的背景因素，在双方当事人自愿、平等的原则下，加大行政争议实质性化解力度，从根本上解决矛盾，减轻企业诉累，帮助困难企业排忧解难，指导企业合法合规经营。通过涉市场主体行政争议实质化解决，为市场主体的健康可持续发展创造条件，为经济高质量发展保驾护航。

其一，建立健全联动化解机制，多元主体协同开展行政争议实质性化解工作。一是检察机关加强与人民法院、调解组织、行业调解组织等的衔接联动。对有和解意愿的案件，积极引导当事人和解，检察机关可邀请行业商会或者行业调解组织进行调解、和解，形成调解合力，彰显调解公正，提升调解实效。二是建立健全检府、检法联动化解机制，维护社会稳定和企业正常的生产经营秩序。检察机关在行政非诉执行监督中建立与相关行政机关的良性互动，增强矛盾化解的协同性、积极性。人民检察院办理行政检察监督案件中，召开听证会或开展行政案件争议化解工作时，可以商请人民法院原案件承办人员参与释法说理工作，建立行政案件诉调对接机制，坚持把非诉讼纠纷解决方式挺在前面，探索行政复议、行政诉讼调解前置程序，强化源头治理。

其二，充分运用调查核实权，坚持先审查后调解原则。人民检察院办理涉企案件，应当充分发挥调查核实权，通过查询、调取、复制相关证据资料，查明案件事实，为作出审查决定夯实基础。通过走访相关部门、询问当事人和案外人、咨询专业人员，全面掌握引发行政争议的背景因素，为行政争议实质性化解提供可能。对人民法院生效裁判、行政机关处理决定并无明显错误的案件，应当加强释法说理，运用公开听证、公开宣告、案件磋商、心理疏导等方式促进行政争议实质性化解。对于确因公共利益需要作出行政决定，但未给予民营企业合理补偿或者赔偿的，要加强与行政机关的沟通协调，引导当事人和解，解决民营企业的实体利益诉求。对于诉求不合理的，应当加强释法说理，做好服判息诉工作。对人民法院生效裁判、行政机关处理决定存在明显错误的案件，应当加强监督，运用抗诉、再审检察建议等监督手段促进行政争议实质性化解。同时检察机关应耐心充分释法说理，将释法说理贯穿办案始终，通过电话沟通、当面接访等方式逐案听取了解申请人申请监督理由和诉求，就争议问题与当事双方反复沟通逐一解决，引入人民监督员、律师等共同做好解释、疏导，引导申请人消除误解、回归理性、放弃不当诉求。

（五）以更高层次溯源治理促进更高水平社会治理

溯源治理作为化解日益多元化的社会矛盾而提出来的创新实践，已逐渐成为法治建设工作的一项重要内容。检察机关作为国家的法律监督机关和保障国家法律统一正确实施的司法机关，是在法治轨道上全面建设社会主义现代化国家的重要参与者、推动者，必须更加自觉融入国家治理和社会治理，发挥检察建议“抓前端、治未病”的溯源治理作用。坚持“在办案中监督、在监督中办案”的工作理念，依法能动履职，对于在履职过程中发现的违法犯罪隐患、制度漏洞以及其他妨碍社会治理的苗头性、倾向性问题，在源头治理上下功夫，提出解决深层次问题的检察建议，与相关部门协同形成合力，将溯源治理的端口前移、针对病灶精准处置，实现溯源治理方式的法治化、现代化，以深化案件溯源治理促进社会稳定，全面助力优化法治化营商环境。各级检察机关在实际中不断探索从源头上化解矛盾，坚持新时代“枫桥经验”，多方配合、多点发力、多元化解矛盾纠纷，为减少矛盾纠纷营造良好的社会环境。

其一，坚持个案监督与类案监督相结合。在办理服务市场主体个案中，针对个案暴露出的苗头性、倾向性、普遍性问题，通过类案监督促进行政机关完善治理，将服务市场主体效果最大化。通过个案办理推动解决同类共性问题，强化类案监督，就涉企行政案件中发现的执法不规范、审核不严格等问题和企业存在经营管理漏洞，分别向行政机关、企业发出检察建议，促进问题源头治理，努力将矛盾纠纷化解在萌芽阶段。通过推动行政机关严格规范执法，引导企业合法守规经营，在充分保障市场主体合法权益的同时，也为实现社会治理长效目标、优化营商环境贡献了检察力量。如云南省曲靖市检察院通过办理某置业有限公司诉县市场监督管理局诉讼监督案中，发现行政机关对相关企业存在监管漏洞，专门部署了燃气工程安装费专项监督，从源头上促进行政机关依法行政。

其二，构建专项治理协作机制，合理化解纠纷。一是开展会商研判。检察机关通过与市场监督管理机关、税务机关等多部门建立专项协作配合机制，定期开展工作会商研判，研究溯源治理协作任务和重点事项，协商解决问题，推动行政争议实质性化解。如需要其他行政机关或单位参加的，通过联席会议、圆桌会议等形式共同会商研判。二是开展专项治理活动。检察机关对在办案中发现的重点领域突出问题开展专项整治活动，实现办理一个案件，治理一个行业。检察机关会同市场监督管理机关、税务机关等加强执法司法联动，联合开展溯源治理专项行动，共同推进问题整改，提升治理水平。三是建立案情通报制度。在案件办理过程中，检察机关及时与各机关相互通报，强化协调联动。市场监督管理机关、税务机关等可邀请检察机关提前介入、提供意见、化解争议，合力实现溯源治理。检察机关发现市场监督管理机关、税务机关等可能存在履职不到位或者违法风险隐患的，及时通报，督促依法履职。四是建立线索移送制度。市场监督管理机关、税务机关等应当及时处理和评估日常登记、行政执法、监督举报等渠道发现的违法问题线索，对适合检察机关法律监督的案件线索，及时移送检察机关。检察机关办理诉讼监督案件中发现相关问题线索，及时向市场监督管理机关、税务机关等反馈，便于及时依法处理，保障当事人合法权益。

三、优化行政检察服务法治化营商环境建设的路径

（一）树立社会治理服务理念，健全法律服务机制

1. 依法履行行政检察职能，平等保护市场主体产权和合法权益

习近平总书记指出："要把平等保护贯彻到立法、执法、司法、守法等各个环节，依法平等保护各类市场主体产权和合法权益。"平等保护各类市场主体，就是要平等保护各民营企业合法财产权、经营权，平等保护民营企业和企业家、劳动者的人身安全和财产权，确保各类市场主体的权利与义务对等，法律责任和法律适用平等，法律保障与法律服务平等，为各市场主体提供公平、健康、有序、积极的营商环境。

行政检察参与社会治理需秉持"服务就是治理"的理念，充分运用行政检察各项职能，以行政争议的实质性化解为牵引，从市场主体发展的痛点、难点着手，同步推进保障市场主体合法权益与监督行政违法行为，服务法治化营商环境的建设。坚持监督与支持并重原则，充分发挥调查核实权，全面审查案件事实，客观确定法律

责任。对于行政诉讼过程违法、行政诉讼判决或裁定错误、行政执行裁定及实施违法，行政不作为或者行政行为违法的情况，损害民营企业及个人合法权益的，依法监督纠正。保障和支持行政机关依法履职，审判机关依法裁判，共同推进依法行政水平的提高。

2. 健全法律服务机制，加强部门间协作

检察机关应加强涉市场主体的行政诉讼监督，关注重点领域案件，对生效裁判、调解，审判活动和行政行为进行全面监督，综合运用抗诉、再审检察建议的监督方式，确保人民法院司法公正，维护企业合法权益，促进提升政府服务水平，营造法治化营商环境。针对行政违法高发领域案件，检察机关可分析总结有关行政规范性文件存在的缺陷和风险，及时向有关部门提出意见、建议，充分发挥检察职能，从立法层面监督优化营商环境。最后，检察机关在履职过程中发现的违法犯罪隐患、制度漏洞和其他妨碍社会治理，影响法治化营商环境建设的苗头性问题，应及时引起重视，在源头上下功夫，通过现象看本质，通过个案推类案，实现溯源治理方式的法治化、现代化，以促进社会稳定，全面助力优化法治化营商环境。

加强行政检察部门与其他相关部门的协作，形成全过程衔接的制度体系，推动法治化营商环境的建设。一是创建对口联系机制，就各产业领域特点与法院、公安局、市场监督管理局、行业协会等进行对口联系，负责日常事务对接，信息共享等工作。二是配套联席会议、线索移送等工作机制，定期或不定期召集联席会议，通报工作情况，研究近期市场主体发展的痛点、难点问题，从部门自身专业视角出发，分享经验做法。同时，各部门在日常工作中发现的涉市场主体的违法行为线索和行政机关违规违纪行为线索应及时移送检察机关，检察机关调查核实后，应及时反馈情况，对于重大案件和典型案件，司法机关也应及时向有关部门通报情况。三是建立专项活动机制，针对行政争议多发、易发领域和争议实质性化解的难点问题，及时与相关部门组织协商会议，并可根据需要联合组织开展专项活动，集中排查、化解相关问题，推动典型问题、重点问题的整改与纠正。

（二）准确把握界限，开展精准监督

准确把握行政检察权的界限，强化精准监督、法治化监督，服务建设良性营商环境。一方面各级检察机关就行政检察监督案件的受理标准，监督标准、事实证据认定标准等应建立统一尺度；另一方面在实施监督职能的范围内，应注重发现在政策引导、法律适用、司法实践方面有所创新的案件，优先处理领域内社会影响范围大的案件开展监督，力求实现以点带面的监督效果，扩大监督的效应，以实现双赢多赢共赢。

（三）健全多途径受理机制，主动参与社会治理

案源是行政检察工作的基础。检察机关应立足行政检察监督职能，健全多途径案源发现机制，开放更多的“窗口和渠道”，直面社会，服务企业与群众，延伸法律服务触角、拓展业务，为依法平等保护各类市场主体，市场主体守法合规经营提供信息源泉，助力提升法治化营商环境。

首先，拓宽多种获取案件线索的渠道。检察机关可以通过协同“12345”热线开展监督工作，拓宽企业发展、市场监管，行政执法、社会保障等领域的检察监督工作线索。实践中，北京市检察院与北京市政务服务管理局已于2022年6月13日联合制定了《关于建立“检察＋热线”合作机制打造首都检察版“接诉即办”的工作方案》，开展了首都检察版“接诉即办”的工作模式，作为“市级

统筹，区级协作的纵横联动网格化合作模式”。[①] 同时，针对“12345”热线群众反映非理性的难题，双方单位也会定期开展人员培训，强化在准确筛查研判、精准定位派单，高效办理反馈的成效，值得学习与借鉴。

其次，构建案件线索排查机制。检察机关在与其他部门开展日常工作交流以及举行定期联席会议的过程中，应以部门本身检察职能优势角度出发，就反映出的相关涉市场主体的行政检察线索进行排查。同时，在利用中国裁判文书网、中国执行信息公开网等法律信息公开资源获取线索的基础之上，检察机关通过走访并调取司法、工商、仲裁、环保等部门涉及企业发展，市场监管领域的相关案卷，能够能动履职，排查出一段时期或同一领域内的问题、难点进行调查核实，并集中办理予以反馈。

再次，运用信息手段进行类案监督。为了解决行政检察案源渠道有限、监督相对被动滞后的难点，检察机关可通过个案着手，开展类案监督。借助信息化手段，以一个典型案例为出发点，在相关领域的案件库内进行数据排摸精准识别类似案件，通过调查核实，分析相关部门在处理类似案件时存在的“通病”，以及类案背后可能存在的制度性瑕疵，一并制发社会治理类的检察建议，以解决领域内典型问题，提高监督效率，实现溯源治理。此外，社会治理类案件存在执法分歧时，检察机关可以借助其检察监督优势，主动组织协调相关部门召开联席会议、联席听证会，通过事实调查，法律说理，及时纠正行政机关的违法行为，促进行政执法的尺度一致性，实现从个案监督到类案监督，提高检察职能效率，形成良好的监督结果。

---

① 张雪泓：《“检察＋热线”深挖检察监督生产力——首都检察版“接诉即办”正式上线》，载澎湃新闻2022年6月19日，https：//www. thepaper. cn/newsDetail_forward_18616287。

最后，通过普法宣传打造法治化营商环境。检察机关可以通过健全机关对外宣传联动机制，加大普法力度，结合新媒体手段，引导涉市场主体主动参与检察监督，保障自身权利，为检察机关开展监督工作提供线索与帮助。各业务部门可以实地走访部分涉贸涉商的民营企业，讲解适合企业发展需求的典型案例，或影响企业良性发展的反面教材，并开展涉及保障民营企业发展、环境安全保护、经济犯罪、职务犯罪等领域的普法教育。通过一系列实地走访、典型案例分析、普法教育等检察服务活动，检察机关能够以自身专业优势着手，提供法律帮助，主动促进民营企业的健康良性发展，有效引导法治化营商环境的形成与完善。

（四）完善多元化办案机制，综合能动履职

检察机关作为法治轨道上全面建设社会主义现代化国家的重要参与者、促进者，必须自觉融入国家治理和社会治理，坚持“在办案中监督，在监督中办案”的工作理念，综合行政检察职能，依法能动履职。构建多元化办案机制，并与相关部门协商形成合力，以深化监督层次，有效实现溯源治理，全面助力优化法治化营商环境。

1．建立调查核实机制

作为法律监督机关，调查核实权是检察机关的一项重要监督手段。在有争议的行政检察监督案件中，只有以清楚明晰的案件事实为根据，检察机关才能依照相关法律规定判断行政行为、诉讼行为的合法性，所制发的检察建议或其他监督手段才能有效实现既维护司法公正、又促进依法行政，在平等保护市场主体合法权益基础上实质性化解行政争议。在依法履行行政检察监督职能时，检察机关既可以通过实地走访法院、行政机关、申请人、相对人以及其他相关人快速且深入地了解案件的核心争议点，行政行为、诉讼行为作

出的法律依据，保障精准监督，直击痛点；又可以依职权能动履职，对审判活动、行政行为、申请人申请事项、所依据的相关规范性文件等进行全范围的审查，以确保监督的全面性、准确性。

基层检察机关还可以基于其获取监督线索的便利性开展常态化的行政违法行为监督专项活动，不定期对市场监管、社会保障、食品药品监管等部门特定行政事务进行调查走访，排查行政行为违法情形，依法能动履职，为维护群众，企业合法权益、优化所在辖区营商环境，促进市场法治化发展提供优质检察产品。

2. 建立公开听证与调解机制

行政争议的实质性化解是行政检察监督的重要职能之一，为保障司法公正、促进司法公开，提升司法公信，真正实现“案结事了政和”，可建立公开听证机制与调解机制，由检察机关协调组织相关当事方参与，充分听取各方意见，以监督办案促进争议化解。

在尊重当事人意愿的前提下协调组织各方进行调解。以检察机关作为法律监督的中立机关，通过案件审查、释法说理、监督纠正等形式实质性解决行政争议。检察机关在调解过程中，一方面应将释法说理贯穿始终，对行政争议基于的案件事实、法律条文、政策规定向当事人进行充分的说明；另一方面应以当事人立场为出发点，考虑当事人履行其义务的现实可能性，努力促成双方争议的化解，帮助市场主体走出困境。

公开听证机制的适用范围更为广泛，既能够就某一案件全面查明事实、实现精准监督，又能够就同类案件批量处理提高办案实效。同时对于领域内的典型案件、重大案件，可以邀请人大代表、公众、其他企业代表参加，对于涉及行政争议较为复杂的专业性问题，还可以邀请行业专家参与，以查明案件事实，起到普法宣传，帮助企业进行自查自纠、规范经营、守法经营，对于推动行业良性竞争，激发市场活力，经济高质量发展具有鲜明导向意义。

3. 建立长效机制，实现检察一体化

在“四大检察”的格局之下，检察机关应当逐步适应检察职能变化，落实检察监督一体化的需求，既要统一检察机关内部关于线索移送、法律适用、监督方式的标准，又要与其他机关建立长效机制，实现从行政执法到检察监督的无缝衔接。

实践中，有较多地区已制定出台关于检察机关内部行刑反向衔接的规范，就监督重点、监督措施、工作流程、协作机制等方面进行了规定，明确了检察机关内部两大检察部门的分工。同时，各地也有较多实务案例。下一步，可从现有的参考经验着手，探索刑民衔接、民行衔接、“三合一”、“四合一”等内部协作模式，更好发挥检察机关的各大职能，精进检察一体化的办案模式，切实发挥行政检察在依法能动履职，主动参与社会治理中的积极作用。

在建设完善法治化营商环境的过程中，为统一法律适用，检察机关应加强与其他部门的协作配合，以维护司法公正、促进依法行政、平等保护市场主体合法权益。检察机关可与行政机关及其他相关部门开会研讨，出台相关规定或意见，通过建立信息共享、案件移送、联席会议、案件通报等工作程序机制，使得协作与监督融合更加规范化，这也是检察机关积极参与社会治理一项重要举措。

4. 大数据赋能

最高检提出基层检察机关应以行政审判违法行为监督、行政非诉执行监督、行政争议实质性化解和行政违法行为监督为侧重，明确履职重点，以点带面加强案例指导。最高检行政检察厅发布的大数据赋能行政检察监督典型案例均来自基层检察机关的监督实践。基层检察机关可通过大数据赋能、数字检察等方式发挥其基层信息获取与整合优势，推进行政检察监督。具体可通过以点带面开展类案监督和搭建多元合作场景机制两方面开展。

检察机关可从对单一案件违法行为的案件调查、法律适用、改进措施等方面制发检察建议，到通过大数据梳理分析同一类型问题，从制度建立、机制完善等方面着手进行溯源治理，依托大数据对比、归类、梳理分析涉企业行政执法领域内存在的同类违法问题，开展精准监督、类案监督，有效促进同一领域内典型事项的依法行政，形成社会治理良好态势，保障法治化营商环境构建。

目前，部分地区检察机关已率先进行了构建多元合作平台的尝试，浙江省杭州市检察院与市人力资源和社会保障局、国家税务总局杭州市税务局、市场监督管理局协商出台了搭建“法治营商环境共护场景”的协作机制，通过大数据赋能全面汇集数据资源，保障数据安全，共同发现与处理涉企业风险隐患，提升执法监管能力，就调查协作、多方会商、争议化解等内容进行了统一规定。

（责任编辑：刘浩）

法治化营商环境语境下行政允诺行为之再探讨

李晓静[*]　何君姬[**]　吴　灵[***]

习近平总书记在主持中央全面依法治国委员会第二次会议时强调“法治是最好的营商环境”。2022 年 8 月甘肃省人民政府办公厅印发《贯彻落实全省优化营商环境大会精神若干措施的通知》，根据全省优化营商环境大会提出的打造“六个环境”和加强法治化营商环境建设的任务要求，提出 37 项措施。优化营商环境是政府的重要工作内容和竞争的重要衡量指标，各地方政府在“招商引资”行动期间也大量创造优惠条件和提供政策支持。2004 年最高人民法院《关于规范行政案件案由的通知》罗列的 26 种行政行为种类中，明确行政允诺作为行政诉讼的具体案由进入行政诉讼受案范围。随后，最高人民法院《关于依法保护行政诉讼当事人诉权的意见的通知》文件中再次重申人民法院要积极受理行政允诺这类新型案件，确保行政诉讼当事人的诉权。在司法文件层面，行政允诺被界定为一种新型行政行为。而在学理上，行政允诺的定性、归类仍存在较

* 甘肃省人民检察院行政检察部主任、三级高级检察官。
** 甘肃省人民检察院兰州铁路运输分院党组副书记、副检察长、三级高级检察官。
*** 甘肃省人民检察院行政检察部干部。

大争议。本文以中国裁判文书网检索的关于“行政允诺”裁判文书[①]为样本，把握最高人民法院在行政允诺案件司法审查过程中显示出的倾向，结合行政法理论知识，以行政允诺的基础研究为基点，试图分析行政允诺的内涵与外延，适用范围和对象、法理基础，重新界定行政允诺的概念，以明晰行政允诺与行政奖励、行政协议行为的界限，为检察精准监督提供理论支撑。

一、行政允诺的概念界定

章剑生教授认为行政允诺是“行政机关就特定事项对不特定行政相对人做出的一种单方意思表示，期待行政相对人做出相应行

① 笔者在中国裁判文书网将检索条件设置为：“案件类型—行政案件；全文检索—行政允诺；法院层级—最高法院”，进行精准检索，显示结果为15个（截至2019年5月5日）。其中有两份裁判文书是重复，两份裁判文书为再审裁决［上海某新型建材有限公司再审审查与审判监督行政裁定书（2017）最高法行申8917号和福建省长乐市某房地产开发有限公司、福州市某区人民政府再审审查与审判监督行政裁定书（2017）最高法行申8917号］，故本文有效的裁判文书11份，即胡某甲、胡某再审审查与审判监督行政裁定书（2018）最高法行申2553号，冯某、欧某再审审查与审判监督行政裁定书（2017）最高法行申991号，福建省长乐市某房地产开发有限公司、福州市某区人民政府再审行政判决书（2018）最高法行再205号，某垃圾焚烧发电有限公司、湖南省某市人民政府再审审查与审判监督行政裁定书（2018）最高法行申8174号，孙某、林某资源行政管理：土地行政管理（土地）再审审查与审判监督行政裁定书（2017）最高法行申5750号，周某、孔某乡政府再审审查与审判监督行政裁定书（2017）最高法行申2613号，香港某实业（集团）有限公司、某市人民政府经贸行政管理（内贸、外贸）再审行政裁定书（2017）最高法行再99号，某县人民政府、崔某再审审查与审判监督行政裁定书（2017）最高法行申8181号，北京某投资有限公司与山东省某市人民政府再审行政裁定书（2016）最高法行申4714号，某经济技术开发区管理委员会、岳阳市某房地产开发有限公司经贸行政管理（内贸、外贸）再审审查与审判监督行政裁定书（2017）最高法行申3049号，蒋某、重庆市某区人民政府经贸行政管理（内贸、外贸）再审审查与审判监督行政裁定书（2018）最高法行申1641号。

为，并保证给予利益回报”。[①] 尽管表述不一致，但张鲁萍博士亦将行政允诺的性质认定为行政主体作出的意思，但在适用对象将其限定为特定相对人。[②] 在德国，学理上将行政活动区分为单方处理性质的行政法律活动，以及没有单方处理性质的活动行为。沃尔夫视许诺为一种行政活动行为，是行政机关面对未来作出的自我约束。[③] 毛雷尔却将许诺界定为“主管行政机关作出的采取或不采取特定措施的、具有法律约束力承诺”。[④] 行政法上的意思表示是不是一类行政行为，行政允诺的适用对象是特定相对人还是不特定行政相对人或是两者均可？回答这些问题均需回归到行政允诺的概念之上，这不仅是行政允诺研究的逻辑起点，更是回应司法实践的迫切需要。

（一）行政允诺的性质

目前，学界对行政允诺的定性主要概括为三种。

第一种，行政允诺是意思表示行为。[⑤] 该观点认为行政允诺是行政机关作为表意人向外界以特定的方式表明将来发生一定法律效果的意思，并在行政法上对该法律效果予以确认的表示行为。行为有意思表示行为和非意思表示行为之分。意思表示行为的构成要素包含主观要件与客观要件，在行政允诺中前者指表意人即行政机关将某种法律效果以规范性文件、会议纪要、承诺书等外部形式展

① 章剑生：《行政允诺的认定及其裁判方式——黄银友等诉湖北省大冶市政府、大冶市保安镇政府行政允诺案评析》，载《交大法学》2016 年第 2 期。

② 张鲁萍：《行政允诺的性质及其司法审查——基于对司法判决书的实证分析》，载《法学论坛》2016 年第 12 期。

③ ［德］沃尔夫等：《行政法（第 2 卷）》，高家伟译，商务印书馆 2002 年版，第 143 页。

④ ［德］哈特穆特·毛雷尔：《行政法学总论》，高家伟译，法律出版社 2000 年版，第 215 页。

⑤ 19 世纪后期、20 世纪初期，德国学者在诠释行政行为理论时尝试借用民法上法律行为与意思表示，将行政允诺视作“行政法上的意思表示”。

现；后者指行为人即相对人作出允诺规定的行为。行政处罚、行政许可、行政强制等每一具体行政行为都存在行政机关与行政相对人的意思表示，将行政允诺界定为“行政法上的意思表示”并不能反映行政允诺的本质。

第二种，行政允诺是行政行为。我国行政法学通说认为，“行政行为是行政主体在实施行政管理活动、行使行政职权过程中所作出的具有法律意义的行为”。[①] 具体行政行为与抽象行政行为一直是我国学理上对行政行为划分的一类形式，但 2014 年行政诉讼法的修订选择不再使用具体行政行为的概念，统一使用行政行为的概念。行政允诺已经纳入行政诉讼范围，研究行政允诺是否是具体行政行为对诉讼当事人诉权影响不大，但有助于行政允诺概念明细化。

第三种，行政允诺是行政前行为。从德国《联邦行政程序法》第 38 条第 1 款第 1 项的措辞来看，许诺是面向未来作出的行政行为，其自身处于不确定法律状态，不是行政行为，只是行政前行为。[②] 该观点立足微观层面、以行政允诺的内容为视角，认为行政允诺是对将来某一行为的作为与不作为，类似于行政行为成立的先决条件。换言之，行政允诺的内容被具体执行后才是行政行为，行政允诺的内容未实现时只是行政前行为，即行政允诺本身不是独立的行政行为。而最高人民法院《关于适用〈中华人民共和国行政诉讼法〉的解释》明确规定“行政机关为作出行政行为而实施的准备、论证、研究、层报、咨询等过程性行为”不在行政诉讼受案范围。

19 世纪后期至 20 世纪初期，德国学者科俄曼开始尝试在行政行为理论中援用私法上法律行为与意思表示。在私法理论中，法律

---

① 罗豪才主编：《行政诉讼法》，北京大学出版社 1996 年版，第 105—106 页。

② ［德］沃尔夫等：《行政法（第 2 卷）》，高家伟译，商务印书馆 2002 年版，第 143 页。

行为的内核在于意思自治，即意思表示是法律行为的核心要素。随后，这种借用民法理论说明公法行为的理论受到挑战，并在《德国联邦行政程序法》颁布后逐渐被摒弃。我国司法实践中行政允诺也曾被认为是一种意思表示行为，某县人民政府、崔某再审审查与审判监督一案中，最高人民法院认定行政允诺是意思表示行为。在我国行政诉讼法中，行政行为的内涵与外延呈扩张趋势，拓宽行政诉讼的受案范围可以满足司法实践的需求、保障行政相对人的权益。综上，行政允诺是一种行政行为。

（二）行政允诺的定义

1. 行政允诺适用的主体

福建省长乐市某房地产开发有限公司诉福州市某区政府再审一案中，某区政府以《会议纪要》就规划调整、土地出让与管理等内容对某房地产开发有限公司作出允诺。依据地方各级人民代表大会和地方各级人民政府组织法、城乡规划法等法律规定，城乡规划管理属于政府规划主管部门的法定职责，某区政府作为一级政府并不享有城乡规划管理的职权。一审、二审法院都认定履行允诺的事项不属于某区政府的职责。最高人民法院却推翻前述认定，认为在该行政允诺案件中“某区政府已经将监督所属工作部门依法履职转化成为某区政府依法应当履行的承诺、义务与职责”。基于行政相对人权利保障、诚信政务建设的考量，行政允诺的依据依法被撤销后效力不应溯及前行政相对人，即作出行政允诺的行政机关应落实允诺事项。故作出行政允诺的主体一般限于对具体承诺事项拥有法定职权的行政机关。

2. 行政允诺适用的对象

某经济技术开发区管理委员会诉岳阳市某房地产开发有限公司经贸行政管理再审审查与审判监督一案中，岳阳市中级人民法院一审认为行政允诺仅针对不特定的相对人，湖南省高级人民法院二审则认为特定的相对人也可以成为行政允诺的对象，最高人民法院采纳二审法院观点。而在某县人民政府、崔某再审审查与审判监督一案中，最高人民法院阐述行政允诺指行政主体作出的意思表示行为，行政允诺适用对象既可以是特定相对人亦可是不特定相对人。笔者认为行政允诺的适用对象应限定为特定相对人，理由如下：

从行为模式看，行政允诺的载体复杂多样，主要表现形式有协议、通知、会议纪要、承诺书、宣传单、优惠办法等。在协议、承诺书、会议纪要这类表现形式中，行为主体通常一方是行政机关，另一方是具体、特定的相对人。而在通知、宣传单、优惠办法这类表现形式中，行为主体模式却转变为一方是行政机关，另一方是抽象、不特定相对人。在第二种行为模式中，行政机关将自我设定义务的意思表示以一定的方式表现出来，若无相对人回应，此时仅是类似规范性文件的存在，不产生法律后果，不在行政允诺的涵射范围。

3. 行政允诺适用的条件

行政允诺是行政主体作出的以特定行政相对人的一定行为为条件的将来作为或不作为。从行为模式看，行政允诺类似于一种附条件的行政行为，即行政行为在特定条件下作出，其生效或失效取决于不确定事件是否发生。在我国，附条件行政行为由法律、法规明确规定，是一种处于特殊效力状态的行政行为，条件成就后仍需经过法定程序才可转化为行政行为。而在行政允诺中，行政相对人为一定行为以满足行政允诺规定的内容，行政允诺这一行政行为即成立，一般情况下无须法律、法规明确规定的程序予以认定。行政相对人为一定行为或不为一定行为作为行政允诺行为的具体内容，不是影响行政允诺效力的条件，而是行政允诺成立的条件。

二、行政允诺的法理基础

行政允诺作为一类行政行为在法律上已被确立下来，但并不意味着行政允诺理论的成熟。行政允诺作为顺应时代发展而生的行政行为，应有相应的理论基础作为支撑。

（一）社会行政与介入行政行为理论

“为了使行政权的行使符合民主取向与公益目标……公民对公共行政的直接参与既是公共行政的民主取向的突出表现，也是使公共行政正确行使的重要保障。”① 在职权行政时代，行政权通过刚性行政方式行使。当今是给付行政的时代，柔性行政手段在行政权行使过程中被广泛运用。在行政法体系中，社会行政法的特点不断呈现，行政相对人开始介入行政行为，行政行为的作出不只体现行政机关单方意志。但由于行政相对人仅是介入行政行为，行政主体仍然占据主导地位。虽然介入行政行为理论可能导致传统行政行为主体构成格局的改变，但介入行政行为理论有助于理解行政允诺这类新型行政行为，且我国行政实务界开始有选择地吸收行政行为理论研究成果，社会行政与介入行政行为理论将逐渐发挥作用。

（二）依法行政与信赖利益保护原则

依法行政原则是各国行政法共同遵循的理念，依法行政不仅要求行政行为合法作出，还需对违法行政行为及时撤销纠正。但行政主体行使撤销原行政行为的权力不是不受限制的，行政主体的撤销权若无限制，在破坏法的安定性的同时，还违反了相对人的信赖利益保护原则。2004 年国务院发布的《全面推进依法行政实施纲要》

① 张春莉：《论公民行政参与》，载《学海》2003 年第 6 期。

中明确，非因法定事由并经法定程序，行政机关不得撤销、变更已经生效的行政决定。在行政允诺案件中，要正确把握依法行政原则与信赖利益保护原则之间的关系，在具体操作中既要避免信赖利益保护原则被虚置的局面，也要克制其被泛化的倾向。

三、行政允诺与其他行政行为辨析

学理上对行政允诺内涵、外延的把握并不统一。同时，司法实践也存在行政允诺与行政奖励、行政允诺与行政协议这两组概念的含混。

（一）行政允诺与行政奖励

行政奖励区别行政允诺的特征有二：（1）条件法定。行政奖励由法律、法规明确规定，依照法定条件和程序作出。具有代表性的专门规定行政奖励的法律、法规、规章及规范性文件如《国家科学技术奖励条例》，行政主体只能基于法定职责作出行政奖励，不可设置奖励的对象、内容、方式等。而行政允诺不需要法律明文规定，只要不违反法律禁止性规定，行政主体在行政允诺过程中拥有较大裁量权。（2）对象特定。行政奖励的对象是对国家和社会作出重大贡献或模范遵守法律、法规的行政相对人。而行政允诺的对象是符合允诺事项的任意行为人，一般而言无须对允诺的对象进行价值判断。

招商引资案件往往案情复杂，行政协议、行政奖励、行政允诺常常交织其中。一些学者以政府招商引资为路径就行政允诺展开分析，该路径下行政允诺与行政奖励似乎存在竞合。香港某实业（集团）有限公司、某市人民政府经贸行政管理再审一案中，最高人民法院是将某工业园管委会减免部分某公司投产前五年所缴纳国税、地税、基金等税费界定为行政奖励；将配套安排 25 套住宅房屋，解决公司高管人才子女就学，协调用工、培训问题等协议界定为某工业园管委会代表某区政府所做的行政允诺。最高人民法院对该案件的处理思路是，在同一份招商引资协议中对具体协议条款分别厘析，行政奖励的归行政奖励、行政允诺的归行政允诺。

（二）行政允诺与行政协议

德国有学者认为，没有必要赋予行政允诺独立的法律地位，可以将其作为一类辅助性行政活动。如在行政协议签订过程中，为促成行政协议的签订向行政相对人作出允诺事项，此类行政允诺可以视为行政协议的一部分，行政允诺被行政协议所吸收。该理论的独特价值在于精准捕捉到行政允诺和行政协议两者微妙的关系。在我国也有部分学者持此观点，认为行政允诺可以内化为行政协议的一种特殊形式。余凌云教授主张“行政允诺是行政契约的一种，是行政契约的一种‘可变通手段’，以此来解决‘非常态案’，代表着行政契约未来运用和发展的方向”。[①]

虽然有些行政允诺的行为模式与行政协议的行为模式相似，但两者存在本质区别。行政协议的内核在于双方达成合意，是一种双方处理行为。而行政允诺是一种单方的处理行为。在行政协议中，行政机关享有行政优益权，即可单方变更、解除行政协议以及监督行政协议履行的全过程。而在行政允诺中，行政机关不存在行政优益权，当行政相对人满足允诺条件，行政机关必须履行允诺的内容。从微观层面看，在行政允诺中存在不特定相对人通过一定的事实行为满足允诺条件而转化为特定相对人，行政机关对这一事实行为不存在监督权。实践中，行政允诺的双方可能通过商谈、对话的

① 余凌云：《从行政契约视角对“杨叶模式”的个案研究——治安承诺责任协议》，载《公安大学学报》2000年第4期。

方式将允诺的内容以行政协议的方式固定下来，但不能将行政允诺和行政协议混为一谈，此时是两个独立的行政行为：先前是行政允诺行为，之后为行政协议行为。

四、行政允诺的检察监督

（一）“诺而不践”的检察监督

行政允诺的切实履行关乎诚信政府的建设，事关政府公信力。行政机关已对行政相对人作出允诺，行政相对人本着对政府信任投入大量人力、物力、财力，待条件成就时行政机关却不兑现承诺或不完全兑现承诺，这对企业尤其是中小微企业的打击无疑是毁灭性的。目前，人民法院司法审查的行政允诺案件绝大多数是行政机关“诺而不践”的行政行为，这类行为引发的纠纷易进入司法审查的视野。而行政检察部门在监督此类案件首先要关注的是行政允诺事项是否合法，其次是“不践”行为是否适当。

检察机关要查明行政机关不予兑现允诺内容是否属允诺事项超出法定职权。在行政机关明确不兑现允诺内容情形下行政相对人能否基于信赖利益保护获得补偿？对此，对行政机关超越职权允诺的，检察机关应向其制发检察建议，起到警示作用，还要对行政相对人做好行政争议实质性化解工作，促成其合法权益依法得到保护。

（二）“践而非诺”的检察监督

早些年，个别地方政府为追求发展当地经济、建立政绩等目的在招商引资过程中兑现了不该允诺的事项。这类行政允诺案件更具危害性和隐匿性，因其背后伴随着公共利益的损害，不像“诺而不践”引发的纠纷浮于表面。纵观“践而非诺”的案件，行政相对人获得兑现承诺的内容，利益得到满足，其向人民检察院申请监督的可能性极小，因此人民检察院依职权发现成为受理“践而非诺”案件的主渠道。

“践而非诺”案件监督的难点在于本不该承诺的内容兑现后的收回问题，即行政相对人作为获得可期利益的一方要不要将获得的利益返还。检察机关监督“践而非诺”型的行政允诺案件，首先要权衡把握政治效果、社会效果与法律效果。在监督过程中，检察机关应积极能动履行职能，对行政相对人做好释法说理，还要加强法治宣传，达到“办理一案、治理一片”的良好效果，助推法治化营商环境建设。

（责任编辑：孙玲）

疑难案件剖析

李某工伤认定行政诉讼监督案中“因工外出”和“上下班途中”的法律适用解析

汪小丽*

【基本案情】

李某系湖北省武汉市武昌区某橱柜经营部（以下简称经营部）聘用的设计师。2014年7月5日下班时间前后，单位领导指派李某驾驶单位车辆送橱柜材料至武昌南湖的客户家中。李某送完材料后驾车往其左岭新城家的途中，于20时左右在高新大道古米山加油站附近撞上道路中心花坛受伤。2014年10月20日，李某向武汉市人社局（以下简称市人社局）申请认定工伤。市人社局以李某需提交相关部门出具的事故责任认定书为由，暂予中止工伤认定。处理案涉事故的交通大队称，李某所发生事故为单方事故，无法提供事故责任认定书，只能提供《交通事故证明》。李某撤回工伤认定申请。2015年3月，李某以经营部应承担赔偿责任为由，向法院提起民事诉讼。武汉市中级人民法院终审认为李某与经营部存在劳动关系，应当走工伤认定程序予以救济。2017年，李某再次向市人社局申请认定工伤。2017年6月20日，市人社局以李某受伤情形不能认定为在下班途中受到非本人主要责任的交通事故伤害，作出1039号

* 湖北省人民检察院行政检察部四级高级检察官。

《不予认定工伤决定书》。2018年1月，李某提起行政诉讼，诉请法院撤销《不予认定工伤决定书》，判定其所受伤害属于工伤。

2018年3月28日，武汉市江汉区人民法院作出一审判决认为，李某系完成领导交办的送货工作后，驾驶车辆返回家的途中发生交通事故，但未能证实该事故系李某非本人主要责任造成，市人社局作出不予认定工伤的决定并无不当。判决驳回李某要求认定工伤的诉讼请求。

李某不服提起上诉，武汉市中级人民法院以相同理由驳回上诉。李某向湖北省高级人民法院申请再审，湖北省高级人民法院裁定驳回再审申请。

【检察机关履职情况】

李某向检察机关申请监督。湖北省人民检察院认为李某受伤符合《工伤保险条例》第14条第5项规定情形，属于因工外出期间，因工作原因受到伤害，应认定为工伤。本案即便适用该条第6项情形，“非本人主要责任的”举证责任不应由李某承担。依法向湖北省高级人民法院提出抗诉。湖北省高级人民法院再审维持原审判决。

湖北省人民检察院启动跟进监督程序，向最高人民检察院提请抗诉，最高人民检察院向最高人民法院提出抗诉。最高人民法院认为，市人社局在1039号工伤决定中，认定李某不属“非本人主要责任”的情形，缺乏事实和法律依据，市人社局应承担举证不能的法律后果，判决撤销一审、二审、再审判决，撤销行政复议决定，撤销不予认定工伤决定，责令市人社局对李某的工伤认定申请重新作出决定。判决作出后，市人社局对李某的工伤认定申请作出认定工伤的处理决定。

【争议焦点】

本案争议焦点系两个层面：一是市人社局的不予认定工伤决定是否正确；二是李某在事故中受伤是否为工伤。原一、二、再审及检察机关两次抗诉意见均主要围绕第二个层面展开，最高人民法院则主要围绕第一个层面展开。综合看来，本案涉及《工伤保险条例》第 14 条第 5 项和第 6 项规定（以下分别简称“因工外出条款”和“上下班条款”）的适用争议，既包括“上下班条款”中“非本人主要责任”的举证责任问题，也包括“上下班条款”和“因工外出条款”出现竞合时的法律适用。

在办理行政生效裁判结果监督案件中，检察机关提出监督意见，尤其是抗诉和再审检察建议的提出一般着眼两方面问题，一是法定性，即行政裁判确有错误；二是抗诉必要性。前者是检察监督的基础，只要行政裁判存在违法或错误行为，检察机关就有了开展监督的前提条件。后者关乎检察机关开展监督的方式手段或抗诉必要性，如果行政裁判确实存在错误，但不影响到当事人实体权益，通过制发检察建议就能达到监督效果，则不必通过抗诉启动再审程序浪费司法资源，徒增当事人期待值。对应到本案中来，原审判决涉及两个方面错误适用法律的问题：一是错误将上下班途中受到“非本人主要责任”交通事故伤害的举证责任分配给劳动者；二是错误处理“上下班途中”和“因工外出”竞合情形，本案事故伤害符合因工外出期间受到伤害情形，应认定为工伤。如果将本案案涉事故伤害性质定性为“上下班途中”，则应查明案涉交通事故属于非李某本人主要事故造成，才能认定为工伤。本案市人社局存在因未尽调查职责导致认定结论缺乏事实依据的错误问题，法院应撤销判决责令重作，市人社局按照法院判决重作决定。本案用人单位未购买工伤保险，是否认定为工伤影响的是劳资双方的实质权益。但此时距事故发生有数年之久，时过境迁，要求人社部门再查明相关事实已然不太现实，贸然作出工伤认定结论都对另一方不太公平，也不能服众。如果将本案案涉伤害事故性质定性为“因工外出”，则市人社局和法院存在适用法律错误的问题，不论李某在交通事故中是否承担责任或者承担什么性质的责任，都应认定是工伤，即不需要再行调查就可以得出案涉事故确系工伤的结论，抗诉确定性更大，抗诉必要性更为充分。因此，两次抗诉，检察机关都从两个角度阐明了监督意见，既指出原审判决错误适用法律的问题，也从抗诉必要性予以考量，指出本案案涉事故符合“因工外出”条款规定，应认定为工伤。

【案件评析】

（一）关于“上下班条款”中“非本人主要责任”举证责任等相关问题

《工伤保险条例》第14条第6项规定，在上下班途中，受到非本人主要责任的交通事故或者城市轨道交通、客运轮渡、火车事故伤害的，应当认定为工伤。实践中，并非每起交通事故交警部门都能出具事故责任认定书，比如本案即是因事故发生系单方事故、路段无监控、无直接目击证人，致交通事故成因无法查清。在交警部门无法作出事故责任认定的情况下，对于上下班途中交通事故工伤构成要件中“非本人主要责任”应由谁承担，人社部门应如何履职，具有争议性。一种观点认为，“非本人主要责任”证明责任的基本承担主体是劳动者。在劳动者不能证明交通事故系非本人主要责任所致，公安机关交管部门及其他相关部门均无法证明系非本人主要责任所致时，劳动者应当承担不利后果，所受伤害不能认定为工伤。[①] 第二种观点认为，尽管法律没有明确规定该证明责任的承担主体是人社部门或者用人单位，但基于行政诉讼中行政机关应就其行政行为合法性承担举证责任规定来看，人社部门如果不予认定工伤，应当提供职工本人承担交通事故主要或全部责任的证据，否则，应依法承担举证不力的法律后果。笔者赞同上述第二种观点，在此结合本案检察机关和最高人民法院文书意见，对《工伤保险条例》第 14 条第 6 项规定中，“非本人主要责任”的认定主体、举证责任及人社部门的职责作出如下归纳。

1. “非本人主要责任”的认定主体和基本内涵

《道路交通安全法》第 73 条规定，公安机关交通管理部门应当根据交通事故现场勘验、检查、调查情况和有关的检验、鉴定结论，及时制作交通事故认定书作为处理交通事故的证据。最高人民法院《关于审理工伤保险行政案件若干问题的规定》第 1 条第 1 款规定，人民法院审理工伤认定行政案件，在认定是否存在《工伤保险条例》第 14 条第 6 项“本人主要责任”时，应当以有权机构出具的事故责任认定书、结论性意见和人民法院生效裁判等法律文书为依据，但有相反证据足以推翻事故责任认定书和结论性意见的除外。由此可以看出，交通事故认定是公安机关的法定职权，“非本人主要责任”事故认定应以公安机关交通管理、交通运输、铁道等部门或司法机关，以及法律、行政法规授权组织出具的相关法律文书为依据。根据《道路交通事故处理程序规定》第 60 条规定，公安机关交通管理部门应当根据当事人的行为对发生道路交通事故所起的作用以及过错的严重程度，确定当事人的责任。交通事故的责任分为全部责任、主要责任、同等责任、次要责任、无责任等五种

① 《法律家》实践教学编委会：《劳动争议裁判精要与规则适用》，人民法院出版社 2021 年版，第 181—182 页。

责任分担方式，“非本人主要责任”包含了同等责任、次要责任、无责任等三种情形，据此可推断，职工上下班途中发生的交通事故，只要不是负全部责任、主要责任的，都应当认定为工伤。

2. “非本人主要责任”的举证责任不应由劳动者来承担

首先，从法律体系来看，劳动者在工伤认定中一般仅就基础事实承担举证责任。《工伤保险条例》第 18 条规定，职工在提出工伤认定申请时应当提交工伤认定申请表、与用人单位存在劳动关系的证明材料以及医疗诊断证明或者职业病诊断证明书等。《工伤保险条例》第 19 条同时规定，职工或者其近亲属认为是工伤，用人单位不认为是工伤的，由用人单位承担举证责任。可见，在工伤保险认定体系中，基于劳动者在劳动关系中的弱势地位，举证能力弱，与一般民事诉讼“谁主张、谁举证”的举证规则不同，为充分保障职工因公受伤后能依法获得救助，法律分配给受伤职工的举证责任是基础举证责任，如职工应当举证证明其与用人单位之间存在劳动关系、患有职业病等，就上下班途中发生交通事故而言，受伤职工同时应对其上下班途中、受到交通事故伤害等基础事实承担举证责任。其次，从司法解释规定来看，非本人主要责任的举证责任并不在受伤职工。最高人民法院《关于审理工伤保险行政案件若干问题的规定》第 1 条明确规定：“人民法院审理工伤认定行政案件，在认定是否存在《工伤保险条例》第十四条第（六）项‘本人主要责任’、第十六条第（二）项‘醉酒或者吸毒’和第十六条第（三）项‘自残或者自杀’等情形时，应当以有权机构出具的事故责任认定书、结论性意见和人民法院生效裁判等法律文书为依据，但有相反证据足以推翻事故责任认定书和结论性意见的除外。”这里用的“本人主要责任”而非“非本人主要责任”，意在强调认定劳动者“本人主要责任”时，应有充分证据予以支撑，否则应当直接推定为“非本人主要责任”。

从上述推论和本案最高人民法院再审改判文书内容可知，“非本人主要责任”的举证责任不由劳动者承担。那么，可以认定此种情况下，“非本人主要责任”的举证责任应由人社部门承担吗？笔者认为是不能的。在劳动者、用人单位和人社部门之间，“非本人主要责任”的举证责任并非简单的非此即彼的关系。在工伤认定中，各方对自己提出的主张所依据的事实或者反驳对方主张所依据的事实，都遵循工伤认定法律体系和行政诉讼中举证规定，负有一定程度的举证责任。解决这一分歧，应回到法律规定，不应只根据立法目的和司法价值取向分配举证责任。从现有的《工伤保险条例》和相关司法解释所规定的举证责任规则中，均无法得出社会保险部门应承担“非本人主要责任”的举证责任这一结论。换言之，只能得出举证责任不能由劳动者承担的结论，通过本案最高人民法院再审改判文书也能看出此倾向。

3. 社会保险行政部门在工伤认定中的法定职责

不能明确“非本人主要责任”的举证责任应由人社部门承担，不意味着人社部门在工伤认定中就能“躺平”。《行政诉讼法》第34条规定：“被告对作出的行政行为负有举证责任，应当提供作出该行政行为的证据和所依据的规范性文件。被告不提供或者无正当理由逾期提供证据，视为没有相应证据。”在行政诉讼中，行政主体应对具体行政行为的合法性承担全部举证责任，包括事实的确实和充分、程序的合法与正当、法律适用的准确。根据《工伤认定办法》第9条至第15条规定，社会保险行政部门负有对工伤认定相关事实进行调查核实的职责。在有权机构未出具事故责任书和结论性意见等法律文书的情况下，社会保险部门应履行调查核实职责，在作出不予认定工伤决定时，应当提供不予认定工伤的相应证据。社会保险行政部门在受伤职工或者用人单位未提供充足证据证明其主张的事实的情形下，如径行依据举证责任作出是否认定工伤的决定，则可能造成认定事实不清、证据不足的情形发生。

（二）因工外出返家途中受到伤害能否适用“因工外出”条款

如前所述，“因工外出”条款是本案关键争议焦点，在原审一、二审中基本未提及，检察机关作为抗诉理由之一提出后，湖北省高级人民法院再审予以了详细回应和论述。本案中，李某受老板指派外出完成工作任务后返家途中受到伤害，是否能适用“因工外出”条款，认定为工伤？

第一种意见认为，不能适用“因工外出”条款。第一，从李某的意思表示来看，其多次认可“上下班途中受伤”。第二，从李某送货及事故发生地点等事实来看，应属于“下班途中受伤”。一是即送货完毕以后，李某已经完成谢某安排的工作任务，再从客户家中驾车回家，不属于因工外出的工作组成部分；二是事故发生地点靠近李某住所远离经营部工作场所，应视为下班途中受伤。

第二种意见认为，应适用“因工外出”条款认定工伤。本案中，李某的交通事故虽发生在送货任务完成之后，但其返回家中的时间和路线都是因给客户送材料的工作原因而固定，其因工作原因外出的状态还在持续中，在这期间发生的交通事故自然应属于因工作原因受到事故伤害。

笔者同意第二种意见，理由如下：

第一，“因工外出期间”理应包括往返路途。因工外出系职工受单位指派或工作需要前往工作场所或工作岗位以外区域完成工作任务，有前往即有返回，往返路途系因工外出而生的必然行为，也是因工外出成立的必备条件。《工伤保险条例》第14条第（1）至第（6）项规定了工伤认定的几种情形，可归纳为职业病、非因工外出期间即正常工作时间和因工外出期间，正常工作时间工伤认定又分为“工作时间”“工作时间前后”和“上下班途中”等情形，是基于正常工作时间存在的相对固定工作区域、居住场所和工作时间而作的划分；而第（5）项职工因工外出期间的情形显然与正常工作时间存在区别，由于其工作场所的不确定性，需要前往及返回，其工作时间包括外出工作并延伸至准备工作和收尾工作以及外出期间的休息就餐等时间，往返路途作为组成部分与外出工作成为一个整体。职工因工外出开始到外出行为终结的这一段时间均应属于“因工外出期间”。

第二，因工外出完成工作后返程包括根据实际情况合理选择返回单位和直接回家。职工因工外出完成工作任务后可依单位要求行事，在单位没有明确要求情况下亦可根据工作完成时间合理选择返回单位或直接回家。要求职工因工外出完成工作任务一律返回单位既无必要，也有违社会生产生活中的通常做法。本案中，李某单位老板谢某安排其送货后直接回家，其送货任务完成已是晚7时，李某直接开车回家既是单位安排，也是根据工作完成时间所作的合理安排。法院简单、孤立地将其直接开车回家的事实认定为“上下班途中”，既与法律规定不符，亦与情理不合。

第三，因工外出返程中发生交通事故受伤与工作密切相关。“由于工作原因受到伤害”是指由于工作原因直接或间接造成的事故伤害、暴力伤害和其他形式的伤害，既包括与工作直接有关而形成的伤害，也包括开展工作过程中所发生的伤害，如外出途中产生的伤害，因住宿、餐饮等场所存在的不安全因素产生的伤害等。往返路途本身即因外出工作而产生，由此造成工作时间和路线的改变，相较于一般正常工作时间给劳动者带来更多不确定的风险，此种风险与外出工作具有相当程度的因果关系，而让劳动者承担此种风险的后果有违公平合理原则。本案中，李某返程的时间、路径均在合理范围之内，并无《工伤保险条例》第16条规定的故意犯罪、醉酒吸毒或自残自杀等除外情形，也没有证据显示李某因工外出期间包括返程回家途中存在从事与工作完全无关的个人活动如绕道、外出、娱乐、购物等，对于其在合理返程时间、返程线路中发生的交通事故，应认定为“由于工作原因”。

需要指出的是，在申请工伤认定及诉讼中，李某多次陈述其在“下班途中受伤”，人社部门和法院以此为由，认为该陈述系“自认”，是李某对其所受伤害适用“上下班”条款的认可。笔者认为，法院混淆了事实认定上的“自认”与法律适用上的“认知”。自认，是一方当事人就对方当事人主张对其不利事实予以承认的声明或者表示。[①]《行政诉讼法》第33条规定，当事人的陈述经法庭审查属实，作为认定案件事实的根据。即当事人陈述仅在事实层面作为法院认定案件事实的依据。实践中，当事人所作事实陈述以及对事实认定、证据采用和法律适用的意见，受到自身法律知识和认知的局限，其陈述只能作为法院认定事实的证据。而是否适用“上下班途中”条款，是适用法律而非不是事实认定上的判断，需要法院综合证据和法律规定，凭借专业能力作出精准的司法判断。本案中李某多次陈述其在回家途中受伤，此陈述仅为说明其受伤的过程，可作为认定案件事实的根据，但不代表其认可其受伤应适用“上下班途中”条款，退一步来说，应适用哪一款法条，并不以当事人的“认可”为标准，严格准确适用并执行法律是执法者和司法者的职责，不能仅凭当事人的自认判断而抛弃法律适用和证据采信规则。

虽然最高人民法院在其再审判决中未就李某所受伤害是否应适用“因工外出”条款认定工伤进行评价，但在后续市人社局依照法院判决重新作出工伤认定行为中，市人社局采纳了检察机关第一次

① 蔡小雪：《行政诉讼自认规则的理论与适用》，载《法律适用》2002年第12期。

抗诉意见，以“因工外出”为由认定了工伤，且在用人单位诉市人社局重新作出的工伤认定行政诉讼案中，该工伤认定理由得到了法院的肯定和维持，使得检察机关的监督意见在执法与司法实践中得以被采纳认可，达成了此类工伤认定案件在法律适用上的统一共识。

（责任编辑：刘浩）

优秀案例选登

案例一：北京市人民检察院督促某区政府通过行政复议纠正关联行政违法行为检察监督案

【关键词】

行政复议　关联行政行为　检察建议　内部纠错

【基本案情】

2019年3月17日，王某以北京市某区某乡人民政府（以下简称乡政府）为被申请人向北京市某区人民政府（以下简称区政府）申请行政复议，请求确认乡政府强拆其位于该乡某村172号宅基地房屋的行为违法。2019年6月14日，区政府作出政复字［2019］180号《行政复议决定书》，认为乡政府否认实施了强制拆除行为，村民委员会（以下简称村委会）承认是自己对王某家进行了帮助腾退，故王某的主张缺少足够的证据支持，根据《行政复议法实施条例》（以下简称《实施条例》）第48条第1款第2项规定，决定驳回王某的行政复议申请。

王某不服上述行政复议决定，向北京市第四中级人民法院提起行政诉讼。2019年9月12日，北京市第四中级人民法院作出（2019）京04行初981号行政判决书，该院认为王某提出复议申请，请求确认乡政府强拆172号宅基地房屋的行为违法，但乡政府否认自己实施了强拆案涉房屋的行为，且村委会出具的《回复函》已明确其依据 2017 年 1 月 11 日村民代表大会决议的授权，组织力量对王某家进行了帮助腾退。王某提交的证据不足以证明乡政府存在强拆房屋的行政行为，要求确认乡政府强拆行为违法没有事实依据。一审法院以王某的行政复议申请不符合受理条件，区政府驳回复议申请符合《实施条例》的规定为由，判决驳回王某的诉讼请求。二审、再审法院以相同理由驳回上诉和再审申请。王某遂于 2022 年 4 月向北京市人民检察院申请监督。

【检察机关履职过程】

案件来源。在办理行政生效裁判结果监督案件中发现。

调查核实。一是有针对性地开展调查核实，厘清案件争议焦点和案件事实。检察机关受理案件后，发现本案的争议表面上为申请人与区政府之间因行政复议决定引发的纠纷，但实际上系申请人与乡政府在征收拆迁工作中的拆迁安置补偿纠纷。复议机关与法院均未对关联强制拆除行为进行实体审查，故如何认定与被诉行为相关联的强制拆除行为是本案关键。检察官全面审查人民法院审判卷宗，充分听取申请人的诉求，对区政府和乡政府相关人员进行询问，通过充分调查核实后认定，案涉被拆房屋系王某一家的合法房屋，应给予合理的拆迁安置补偿，在未签订拆迁安置补偿协议或未经法定途径确定拆迁安置补偿权益的情况下，强制拆除案涉合法房屋的行为系违法行为。二是依法界定强制拆除行为的责任主体和性质，解决案涉法律问题。本案中，乡政府否认实施了拆除案涉房屋的行为，村委会自认其实施了拆除行为，区政府和一、二审法院均认为申请人要求确认乡政府强拆行为违法没有事实依据，不支持申请人的诉求。本案的冲突表现在：一方面，申请人合法房屋未获合理补偿被强制拆除，其认为应由乡政府承担责任并确认强拆行为违法；另一方面，复议机关和法院均不认可责任主体为乡政府，亦未实体审查强制拆除行为，不支持申请人的主张。因此，对案涉房屋的强制拆除责任是否应由乡政府承担和强制拆除行为是否合法，是本案需要解决的两个重要法律问题。检察机关通过证据分析、类案检索和对法律规定的深入研究，最终认定村委会仅系行政机关的行政助手和行政辅助者，并非强制拆除的主体，乡政府作为案涉项目的拆迁腾退实施主体，组织实施了该项目的拆迁腾退工作，应对强制拆除行为承担责任。

监督意见。行政强制法、土地管理法等法律规定，对强制拆除合法房屋的步骤、程序和方式有具体明确的规定。本案中，对案涉房屋的强制拆除行为并未依据上述法律规定实施，亦未取得申请人的同意，应属于行政机关超越职权的违法行政行为。本案的强制拆除行为虽经行政复议程序，但并未被实体审查，行政复议则具有政府系统内部自我监督纠错的功能，若行政违法行为在行政复议程序中得到纠正，则能以低成本、高效率、更便捷的方式实现纠违。因此，检察机关决定向被诉行政复议机关制发检察建议，建议其充分发挥行政复议作为政府系统内部自上而下自我纠错监督制度的职能，纠正违法或者不当的行政行为；加大复议阶段解决矛盾纠纷的力度，积极回应群众诉求，发挥行政复议化解行政争议主渠道作用。

监督结果。检察建议送达后，检察机关与区政府保持密切联系，及时跟踪督促整改落实。区政府《复函》采纳了检察建议内容，表示要提高依法行政意识，加强行政复议监督，规范行政行为，充分回应申请人诉求。最终，区政府作出决定，确认乡政府作为强拆行为的组织者是本案适格被申请人，确认乡政府强拆行为违法，责令乡政府提供不少于350平方米安置房并支付赔偿款306万余元，既纠正了关联行政违法行为，又一揽子解决了申请人的拆迁安置补偿争议。王某于 2023 年 8 月 21 日撤回了行政诉讼监督申请，本案于同日作出终结审查决定，一桩历经 6 年之久的行政争议落下帷幕。

【典型意义】

一是人民检察院在履行行政诉讼监督职责中，应全面审查被诉行政行为及其关联行为，对关联行政行为违法的，可以依法开展监督。根据《人民检察院检察建议工作规定》，检察建议是人民检察院依法履行法律监督职责，参与社会治理，促进依法行政，维护个人和组织合法权益的重要方式。土地房屋征收拆迁过程中，在未签订安置补偿协议或未经法定程序确认安置补偿权益的情况下，由村委会等非职权主体以“帮拆”的名义，规避法定补偿程序进行“拆迁”，侵害了群众的合法权益。检察机关可以根据案件具体情况，通过制发检察建议的方式积极稳妥开展监督，依法督促行政机关对违法行为予以纠正，及时履行安置补偿职责，避免“程序空转”。

二是在行政违法行为监督中，应充分借助政府系统内部纠错功能，有效发挥行政复议化解行政争议的主渠道作用。行政复议制度是行政机关自我监督、自我纠错制度，具有低成本、高效率等特点，检察机关在办案中，应注重与复议机关的沟通衔接，将政府系统内部的自我监督的“势能”转化为检察机关开展行政违法行为监督的“动能”，有效弥补“程序空转”之不足，助推依法行政、深化社会治理。

（责任编辑：张立新）

案例二：黑龙江省某市自然资源局违法进行房屋产权登记检察监督案

【关键词】

行政裁判结果监督　行政违法行为监督　认定基础法律关系错误　宣告送达

【基本案情】

2007年1月，李某英向王某真、王某强、吕某祥（系王某强丈夫）、李某、梁某华等四户借房屋产权证6本，抵押给于某海用于借款，并于2007年1月8日、10日、16日在李某英的劝说下到某市房产管理局（现为某市自然资源局）交易窗口填写空白买卖协议以及空白房屋转移登记申请书，并将房屋产权证存放于某市房产管理局保管。李某英涉嫌刑事犯罪被羁押后，于某海于2008年4月以其与王某真、王某强、吕某祥、李某、梁某华之间存在房屋买卖关系为由，向某市房产管理局申请办理房屋产权转移登记申请，某市房产管理局在案涉房屋所有权人均未到场的情况下，启用了2007年1月的申请书，于2008年4月为于某海核准办理了案涉房屋产权转移登记，并颁发了房屋产权证，将原产权人王某真、吕某祥等人的房屋产权证作废。其中，王某强通过10年的诉讼，其案涉房屋经检察机关生效裁判监督重新登记到王某强名下。

【检察机关履职过程】

案件来源。2022年1月，王某真、吕某祥分别向法院提起行政诉讼，请求撤销某市房产管理局于2008年4月15日为于某海颁发的原登记在王某真、吕某祥名下的房屋产权证。一审、二审、再审法院均以王某真、吕某祥的起诉超过法定起诉期限为由，裁定不予立案。王某真向某市人民检察院申请监督。

调查核实。检察机关围绕争议焦点开展以下调查核实工作：一是调阅王某强行政案件卷宗，询问王某强，研判分析该案认定事实部分，最终确认王某强案件与本案性质一致；调阅王某真、吕某祥行政案件卷宗，询问当事人，最终查明王某真、吕某祥提起该案诉讼超过法定起诉期限，法院不予立案并无不当。二是实地调查，走访王某真、吕某祥住处，询问邻居，了解到自2008年房屋被转移登记后，王某真、吕某祥仍然住在案涉房屋处，于某海未实际占有案涉房屋。三是到不动产登记中心调取案涉房屋档案，听取相关人员意见，了解到当初某市房产管理局基于房屋买卖关系办理转移登记，且原房屋产权人未到现场办理。检察机关经调查核实确认：李某英借用王某真、王某强、吕某祥（系王某强丈夫）、李某、梁某华等四户房屋产权证6本，抵押给于某海用于借款，王某真、吕某祥、王某强与于某海并不存在房屋买卖关系。在办理房屋产权转移登记时，某市房产管理局没有通知案涉房屋产权人到场办理，导致王某真、吕某祥、王某强没有进行陈述和申辩，违法办理了产权登记。

公开听证。为切实查清当事人之间是否存在真实的买卖关系以及统一法律适用，某市检察院组织召开听证会，邀请人大代表、政协委员、法律工作者参加。通过听取双方当事人意见，进一步解决双方当事人在房屋买卖关系的真实性以及行政程序的合法性上产生分歧。在听证会上，通过举示相关证据，释法说理，促使市自然资源局认识到当初认定王某真、吕某祥与于某海存在房屋买卖关系，作出房屋产权转移登记证据不足。市自然资源局提出其撤销行政行为的前提条件为司法机关、行政机关、仲裁委员会发生法律效力的文件证明当事人以隐瞒真实情况、提交虚假材料等非法手段获取房屋登记，目前，无生效的法律文书，市自然资源局无法依职权撤销，检察机关的检察建议非司法机关作出的生效法律文书，不能作为市自然资源局撤销行政行为的依据。听证员一致认为市自然资源局作出房屋产权转移登记行政程序违法，证据不足，应当予以撤销。

监督意见。某市人民检察院经审查认为：案涉房屋转移登记程序违法。《城市房屋权属登记管理办法》（已失效）第 11 条第 1 款规定："房屋权属登记由权利人（申请人）申请。权利人（申请人）为法人、其他组织的，应当使用其法定名称，由其法定代表人申请。"在房屋权属登记行为中，由权利人提出申请应当是行政机关审查的重要内容，该程序直接关系行政机关房屋权属登记的正确性。某市房产管理局（现为某市自然资源局）在房屋权利人王某真、吕某祥未到场的情况下，启用其 1 年 3 个月之前提交的申请材料办理房屋权属登记且不能说明合理原因，显然未尽审慎的审查义务，剥夺了当事人的陈述和申辩权，属于明显的程序违法。认定王某真、吕某祥与于某海存在房屋买卖关系证据不足。王某真、吕某祥提供的案外人李某英向其出具的案涉房屋所有权证的借条及某区人民法院、某市房产管理局（现为某市自然资源局）对李某英的询问笔录等证据，证实案涉房屋所有权证系王某真、吕某祥出借给李某英用于向于某海借款用，王某真、吕某祥与于某海之间并无真实的房屋买卖关系。2023 年 3 月 30 日，某市人民检察院在听证结束的同时向某市自然资源局（原为某市房产管理局）宣告送达检察建议，建议其撤销案涉房屋产权转移登记，将案涉房屋登记到王某真、吕某祥名下。

监督结果。某市自然资源局（原为某市房产管理局）收到检察建议后，采纳检察机关的意见，将案涉房屋分别登记到王某真、吕某祥名下，15 年的行政争议从根源上实质性化解。

【典型意义】

一是检察机关在履行生效裁判监督职责中，应当有效运用穿透式监督，针对行政机关在行政执法中存在的违法问题，提出行政违法行为检察建议。《中共中央关于加强新时代检察机关法律监督工作的意见》规定，“……在履行法律监督职责中发现行政机关违法行使职权或者不行使职权的，可以依照法律规定制发检察建议等督促其纠正；……”检察机关针对行政机关无法依职权通过行政程序变更违法行为，法院无法通过审判程序撤销行政行为，导致当事人合法权益无法维护的瓶颈问题，检察机关要进行行政违法行为检察监督，督促行政机关纠正违法行为，维护公平正义。

二是检察机关在办理行政确认行政违法行为监督案件时，要重点审查行政机关认定当事人之间存在的基础法律关系是否正确。行政机关对当事人之间形成的法律关系仅进行形式审查，不进行实体审查，易出现错误认定的问题，例如，房屋产权登记、婚姻登记等。自然资源局不动产中心办理房屋产权转移登记是基于当事人之间形成买卖、赠与等法律关系，所基于的法律关系是否真实存在，决定了自然资源局不动产中心作出的产权转移登记的行政行为是否正确。检察机关围绕自然资源局不动产中心认定的基础法律关系进行调查核实，实地走访，听取办理产权登记工作人员的意见，查清案件事实，准确认定办理房屋产权转移登记基于的基础法律关系，践行高质效办理每一个案件的基本价值追求。

三是检察机关在办理行政违法行为监督案件时，要充分整合公开听证、检察宣告，增强检察建议威慑力和刚性，解决“不敢”“不力”的监督问题。检察机关通过公开听证，听取人大代表、政协委员意见，指出行政机关违法作出行政行为的事实以及剥夺当事人陈述权和申辩权等重要程序性权利，使行政机关认识到作出行政行为的违法情形，并通过当场宣告检察建议，促使行政机关及时采纳整改。

（责任编辑：张立新）

案例三：上海市某区人民检察院办理非法持有“仿真枪”行刑反向衔接检察监督案

【关键词】

非法持枪　行刑反向衔接　治安管理处罚　检察意见

【基本案情】

2023年8月，何某某通过网络购买P7型号的“仿真手枪”2把、N10型号的“仿真手枪”1把。2023年9月27日，上海市公安局某区分局（以下称某区公安分局）在何某某住处查获该枪支。经物证检验鉴定，其中2把枪支是以压缩气体为动力，可以击发且具有致伤力，枪口比动能分别为2.41J/cm^2、2.47J/cm^2，1把枪支以压缩气体为动力，不能正常击发，不具有致伤力。上海市某区人民检察院（以下称某区检察院）刑事检察部门审查认定，何某某的行为已构成《刑法》第128条之非法持有枪支罪，但犯罪情节轻微，决定对其相对不起诉，并于2024年1月5日宣告不起诉决定。

【检察机关履职过程】

案件来源。2024年1月5日，刑事检察部门向行政检察部门移送该线索，认为有必要审查是否需要对何某某作出后续行政处罚。行政检察部门接收该线索后，启动调查核实、案情分析等工作。

调查核实。行政检察部门调阅刑事案件侦查阶段和审查起诉阶段的案卷材料，全面阅卷并核对事实证据情况。经审查，明确本案争议焦点为：何某某的行为是否符合治安管理处罚法规定的“非法携带”“妨害公共安全”要件。

一是围绕争议焦点，行政检察部门组织刑事检察部门、公安机关共同开展案情分析讨论，经讨论认为：“持枪”行为在刑事法律和行政法律中的实行行为、侵犯客体等方面存在诸多交叉、异同之处。例如，实行行为上，刑法规定“非法持有、私藏”，治安管理处罚法规定“非法携带”；侵犯客体上，刑法将“非法持有枪支罪”规定在分则第二章“危害公共安全罪”中，治安管理处罚法将“非法携带枪支、弹药或者弩、匕首等国家规定的管制器具”规定在第三章第二节“妨害公共安全的行为和处罚”中。本案何某某在刑事案件中仅供述到“购买枪支放在家中观赏”，其行为是否构成治安管理处罚法所规定的“非法携带”和“妨害公共秩序”存疑，需开展补充调查。

二是针对证据空白点，行政检察部门会同公安机关开展补充调查，补强证据链。经查，何某某在刑事案件侦查阶段仅供述“购买枪支放在家中观赏”，而根据新调查收集的何某某笔录及网上购买记录、快递凭证等证据认定，何某某在其位于上海市 A 区某某商务广场 5 层的工作单位“收货”，在办公室拆封枪支并把玩，数日后又携带至位于上海市 B 区的住所地存放。何某某单位有员工 15 人，所在楼层有其他多家单位共计 100 余人。何某某单位和住所相距 20 公里，其开车携带枪支途经市区内多条城市道路。因此，其具有非法携带枪支的行为，且已对公众安全造成妨害和现实危险，应当依法给予治安行政处罚。

监督意见。2024 年 1 月 12 日，某区检察院向某区公安分局提出检察意见，根据《行政处罚法》第 27 条第 1 款、《治安管理处罚法》第32条第1款以及最高人民检察院《关于推进行刑双向衔接和行政违法行为监督　构建检察监督与行政执法衔接制度的意见》等相关规定，将何某某移送公安机关，要求公安机关对何某某非法携带枪支的违法行为予以行政处罚。

监督结果。某区公安分局在收到某区检察院发出的检察意见后，根据原侦查阶段收集的证据以及行政检察监督阶段补充调查的证据，查明何某某具有非法携带枪支的违法行为，根据《治安管理处罚法》第32条第1款的规定，于2024年2月6日作出行政处罚决定：对何某某处以罚款，收缴其携带的违法枪支。

【典型意义】

行政检察办案需开展协同履职，正确理解并开展行刑反向衔接。一方面，开展反向衔接必须遵守“依法性”“必要性”。需认识到，符合刑事构成要件，并不必然符合行政处罚要件，或者具有行政处罚的必要性。因此，行政检察履职显得尤为重要，反向衔接决然不是从刑事不罚到行政处罚的“走过场”，也不是刑事到行政的简单“降格”处理。另一方面，行政检察办案要全面履职，充分审查，既要防止“不刑不罚”，也要严格遵守对当事人不起诉后，作出行政处罚的合法性和必要性。必要时，行政检察部门应当牵头，组织、会同其他部门及行政机关协同履职，形成司法执法合力，更好地落实行刑反向衔接制度。

（责任编辑：朱荣力）

案例四：检察机关督促人民法院依法追加恶意注销企业被执行人类案监督案

【关键词】

恶意注销　大数据检索　类案监督　联动治理　营商环境

【基本案情】

2023年3月，山东省青岛市某区人民检察院（以下简称区检察院）在办理山东省青岛市某区应急管理局（以下简称区应急管理局）与青岛某机械制造有限公司（以下简称某机械制造公司）行政非诉执行一案中发现，山东省青岛市某区人民法院（以下简称区法院）对该案的执行标的159994元尚未执行完毕，而区法院未采取有效措施追缴罚款。经调查核实，山东省青岛市某区行政审批服务局（以下简称区行政审批服务局）企业档案数据显示，某机械制造公司的投资人鲁某花通过一般注销登记的方式，注销了某机械制造公司的企业法人资格，清算组成员为鲁某花、杨某玲。注销登记过程中，鲁某花、杨某玲在《某机械制造公司清算报告》中载明，债权债务已全部清理完毕，并由股东承担相应的法律后果。

区检察院还发现，由于存在信息壁垒、监管缺位、案件移送机制缺失等原因，包括本案在内的部分行政非诉执行案件进入执行程序后尚未执行完毕，涉案企业未履行行政处罚义务即注销登记，类似情况具有一定的普遍性，如不加以及时纠正，执法监管漏洞将持续存在，有损国家利益和营商环境，有必要进行类案监督。

区检察院调取了2020年以来区法院尚未执行完毕的涉企行政非诉执行案件184件，又调取该184件案件中企业注销登记时申报债务的信息，通过数据要素分析对比，碰撞出异常数据案件22件，建立数字监督类案模型，涉及未执行款项7426401.87元。区检察院向主管单位制发检察建议，并发挥牵头作用，联合区法院、区行政审批服务局、区市场监督管理局会签工作机制，实现联动发力，促进全链条治理，完善行政执法程序，有效减少恶意注销登记情形，营造法治化营商环境。

【检察机关履职过程】

（一）立足共性研讨，精心建模用模

区检察院在办理区应急管理局与某机械制造公司行政非诉执行一案中发现，涉案企业可能恶意注销逃避行政处罚，而区法院未根据企业的经营情况及时采取有效执行措施追缴罚款。区检察院立即到相关行政机关和区法院走访调研，发现区法院较少核查涉案企业出资情况及涉案企业注销是否进行清算，决定启动行政非诉执行检察监督程序。

区检察院重新梳理了自2020年以来办理的行政非诉执行检察监督案件，通过数据收集、分析比对，结合前期到行政机关和区法院进行走访调研了解的情况，发现由于存在信息壁垒、监管缺位、案件移送机制缺失等原因，行政非诉执行案件进入执行程序后，部分案件尚未执行完毕，涉案企业未履行行政处罚义务。

摸清情况后，区检察院明确了监督范围，区法院尚未执行完毕的被执行人系企业的执行案件。区检察院调取了2020年以来区法院尚未执行完毕的涉及企业行政非诉执行案件 184 件，收集到包括企业名称、法定代表人、结案方式、执行标的额等企业信息，又向区行政审批服务局调取该 184 件案件中行政非诉执行企业注销登记时申报债务的信息，标记出企业的状态，经过筛查，发现有 24 家企业已经注销。

根据最高人民法院《关于适用〈中华人民共和国公司法〉若干问题的规定（二）》第 11 条、第 20 条，《市场主体登记管理条例》的相关规定，公司注销登记有两种程序：第一种是简易程序，注销时需要提交“全体投资人书面承诺”，书面承诺是需要记载债权债务情况的；第二种是一般程序，注销时需要提交“清算报告”，清算报告中也是需要记载债权债务情况的。

区检察院再次向区行政审批服务局调取该 24 家企业办理注销登记时的申请注销登记时间及清算报告、承诺书进行比对、筛选。对于申请注销时间晚于行政处罚时间的，且清算报告或者全体投资人的书面承诺没有记载行政处罚履行情况的，确定为行政非诉执行检察监督对象。经过数据碰撞、对比，最终确定 22 条数据线索并建立数字监督模型，涉及未执行款项 7426401.87 元。

第一步：调取涉及企业行政非诉执行案件尚未执行完毕的数据，提取执行主体、执行标的额、结案方式等数据要素。

第二步：调取涉及行政非诉执行企业注销登记时申报债务的数据，提取企业名称、登记情况、清算内容等数据要素。

第三步：通过分析比对涉及企业行政非诉执行案件尚未执行完毕的信息与涉案企业注销登记时如何申报债务的信息，核对出存在未依法申报有行政处罚而进行了注销登记的涉案企业。

第四步：根据核对出的不符合注销登记的涉案企业，调取其注销登记及行政非诉执行的相关材料，再逐一核实是否存在注销登记躲避执行情况，最终确定应被追加执行的人员。

（二）跟进诉源，充分发挥检察建议促管作用

为确保行政处罚能够被执行到位，国家利益不受损失，区检察院坚持靶向引导，“三箭齐发”，“以我管促都管”，共同营造良好的法治营商环境：向区法院制发检察建议，建议依法恢复执行程序，追加被执行人；向区行政审批服务局制发检察建议，建议严格市场主体登记管理，加强信息互通，强化职能部门工作联动；向生态环境、市场监督管理等6家行政机关制发检察建议，建议向法院申请追加企业清算组成员或者承诺承担责任的股东和第三人为被执行人。

区法院、相关行政机关均采纳检察建议并向区检察院进行书面回复。就区应急管理局与某机械制造公司行政非诉执行一案，区应急管理局已于2023年9月向区法院申请追加被执行人，区法院已恢复执行程序，追加鲁某花、杨某玲为被执行人。其余21件案件，区法院已恢复执行程序，追加相关责任人为被执行人，恢复执行率目前已达65%。

（三）强化制度建设，合力规范企业经营和营商环境

针对办案中发现的登记机关在办理企业注销登记时未审查行政处罚情况、行政处罚机关不能及时掌握企业注销情况等信息壁垒问题，区检察院邀请区法院、行政审批、生态环境、市场监督管理等8个部门召开座谈会，通报企业恶意注销登记典型案例，就如何防止企业恶意注销逃避行政处罚问题进行交流讨论。区检察院积极发挥牵头作用，联合区法院、区行政审批服务局、区市场监督管理局会签《关于在市场主体注销登记工作中加强行政执法信息共享和衔接配合工作机制》，就信息共享、风险预警、府检联动、业务培训等达成共识。通过该机制，区行政审批服务局已将15起可能恶意逃

避履行处罚的企业进行限制注销登记。

【典型意义】

针对行政非诉执行案件中，涉案企业在行政机关申请强制执行前恶意注销登记，导致行政处罚无法执行到位的情况，检察机关可运用大数据技术，建立数字监督模型，并注重数字调取汇聚和数据碰撞、对比，实现建用并重，用则见效。

针对登记机关在办理企业注销登记时未审查行政处罚情况、行政处罚机关不能及时掌握企业注销情况等问题，检察机关应落实“穿透式”监督、“菜单式”治理理念，通过向主管单位制发针对性的检察建议，“以我管促都管”，实现联动发力，同向发力，全链条治理。

检察机关应积极发挥牵头作用，通过建立联席会议制度和会签文件，建立长效工作机制，推动相关部门完善行政执法程序，实现早发现、早预警、早处置，有效减少恶意注销登记情形，维护国家利益，为法治化营商环境建设贡献检察担当和检察力量。

（责任编辑：聂影）

案例五：某市农牧开发有限公司诉河南省某市某镇人民政府行政赔偿检察监督案

【关键词】

行政赔偿　调查核实　信赖利益保护　提请抗诉

【基本案情】

某市农牧开发有限公司于1998年开始从事生猪养殖。2019年3月21日，河南省某市某镇人民政府告知该公司其所建养殖场被国家卫星检测到占用基本农田，被列为大棚房整治拆除对象，限期拆除。3月27日，该养殖场及相关附属物被镇政府强制拆除。该公司起诉后，法院判决确认该强制拆除行为违法。2019年12月17日，该公司提起行政赔偿诉讼，请求判令镇政府赔偿其因强拆造成的财产损失。某市人民法院认为该养殖场占用部分基本农田，且养殖场运营未经法定审批程序，要求获得赔偿缺乏事实和法律依据，判决驳回该公司的诉讼请求。该公司上诉后，某市中级人民法院判决维持原判。后经河南省高级人民法院指令再审，某市中级人民法院认为镇政府的强制拆除行为虽然被确认违法，但该公司没有证据证明其养殖场建筑的合法性，因此对其赔偿诉求不予支持，但由于违法拆除造成该公司养殖场室内生活用品损失，判令镇政府赔偿该公司4万元。

【检察机关履职过程】

该公司向某市人民检察院提出监督申请。该院受理该案后，充分运用调查核实手段，吃透弄准案件事实。一是调阅法院卷宗。经对法院历次审判卷宗进行精细化审查，初步明确该案争议焦点为该公司养殖场是否具有合法性；该市在“大棚房”问题专项整治中，并未将该公司养殖场列入“大棚房”整治对象范围。二是开展走访座谈。多次赴案涉养殖场所在地进行实地走访，并到该市自然资源部门及农业农村部门进行座谈，了解到该养殖场修建时，国家鼓励养殖场的建设，涉案养殖场曾数次获得市政府、镇政府表彰及奖励；至养殖场被拆除时，该市自然资源部门从未认定过该养殖场用地违法，也未作出过行政处罚。三是查阅案例资料。法院相关类似案例指出，虽然未依法办理设施农用地项目的备案审批手续，但在无证据证明养殖场改变相关土地从事或者服务于农业生产的农业用途的情况下，可以认定其对养殖的合法性产生了合理的信赖，该信赖利益应受法律保护；通过查找相关法律法规及规范性文件，发现国土资源部、农业部《关于进一步支持设施农业健康发展的通知》规定，规模化养殖用地属于设施农业用地，不需办理农用地转用审批手续。

检察机关经审查认为：（1）涉案养殖场及其附属物不属于违法建筑。养殖场及附属物占用的土地除极少数为基本农田外，大部分属于设施农业用地。与此同时，相关行政部门并未对其占用基本农田的行为及时进行行政处罚，且政府也多次对其进行表彰及奖励，足以让该公司认为政府对其发展养殖产业是认可的。根据信赖利益保护原则以及相关政策，该公司使用涉案土地从事养殖业生产经营具有合理性，不宜径行认定为不具合法性。（2）赔偿诉求具有一定合理性。虽然该公司提交的价格评估结论书不能证明因强制拆除行为直接造成其财产损失的具体数额，但法院判决罔顾案涉养殖场建筑物及其附属物被违法拆除的事实，判决对养殖场建筑物及附属设施被强制拆除造成的损失不予赔偿应予纠正。此外，根据在案证据，镇政府在强拆前并未搬离并妥善保管涉案养殖设备，导致相关设备在强拆中被损毁，镇政府对此也应承担全部赔偿责任。综上所述，原审行政赔偿判决认定事实错误，适用法律错误。

2022年4月29日，某市人民检察院提请抗诉；2022年12月14日，经河南省人民检察院抗诉，河南省高级人民法院对本案依法改判，撤销原审行政赔偿判决，判令镇政府赔偿该公司相应损失。

【典型意义】

法治是最好的营商环境。营造法治化营商环境不仅要求政府要做到依法行政，更要注重对市场主体信赖利益的保护，让市场主体安心发展、放心经营。检察机关在行政赔偿案件办理中，要注重发挥调查核实权的作用，在坚持依法审查的基础上，也要注重审查市场主体对政府的信赖利益是否得到有效保护。本案中，案涉强制拆除行为虽然被法院确认违法，但申请人基于对政府信赖产生的利益损失一直未得到有效赔偿。对此，检察机关监督人民法院依法撤销错误判决，帮助市场主体获得合理赔偿，为营造安商惠企的法治化营商环境贡献了力量。

（责任编辑：聂影）

行政法律文书

杜某某、房某某诉辽宁省某市某区人力资源和社会保障局工伤认定检察监督行政抗诉书

辽宁省人民检察院

行政抗诉书

辽检行监〔2020〕××号

杜某某（房某妻子）、房某某（房某女儿）诉辽宁省某市某区人力资源和社会保障局工伤认定纠纷一案，不服某市中级人民法院（2018）辽08行终××号行政判决，向某市人民检察院申请监督，该院提请本院抗诉。本案现已审查终结。

2018年5月，杜某某、房某某将某市某区人力资源和社会保障局（以下简称某区人社局）诉至某市某区人民法院，请求：撤销某区人社局××人社不予工伤认〔2018〕××号不予认定工伤决定书；某区人社局承担诉讼费用。

某市某区人民法院于2018年8月20日作出（2018）辽0804行初××号行政判决。该院一审查明，房某系某海港装卸有限公司员工，被派遣至某港务集团股份三公司从事清料工作。2018年1月5日11时30分左右，房某和工友曲某、孙某、佟某在食堂吃完午饭后到港区三公司候工楼118室休息，大约12时40分房某身体出现异常情况，单位同事拨打120急救电话，13时02分区中心医院120到达现场，经初步诊断为院外死亡。某市开发区公安局司法鉴定中

心出具居民死亡医学证明书，证明房某死亡原因为“猝死”。另查，某区人社局于2018年3月6日作出××人社不予工伤认〔2018〕××号不予认定工伤决定书，认定房某猝死不是发生在工作时间和工作岗位上，不符合《工伤保险条例》第十五条第（一）项认定视同工伤情形，决定不予认定工伤，并向杜某某、房某某、某海港装卸有限公司告知了复议权、诉讼权及期限。该院一审认为：某区人社局作为该区工伤认定的劳动行政保障部门，有职权作出认定工伤的行政行为。《工伤保险条例》第十五条第一款第（一）项规定职工“在工作时间和工作岗位，突发疾病死亡或者在48小时之内经抢救无效死亡的，视同工伤”。该案中，死者系某海港装卸有限公司单位员工，被派遣至某港务集团股份三公司从事清料工作，根据公安机关对其工友的询问笔录，及第三人某海港装卸有限公司工伤认定申请表中记载均可证明，房某系在午休时间在候工楼休息时突发疾病死亡，并非在工作时间和工作岗位突发疾病，不符合《工伤保险条例》所规定视同工伤的情形，某区人社局决定不予认定工伤事实清楚、证据充分、适用法律正确、程序合法。至于杜某某、房某某主张候工楼系工作场所的一部分，房某与某海港装卸有限公司并未明确约定工作时间、中午临时休息必要时间属于工作时间一节，因没有事实和法律依据，不予支持。判决：驳回杜某某、房某某的诉讼请求。案件受理费50元，由杜某某、房某某负担。

杜某某、房某某不服一审判决，向某市中级人民法院提出上诉。请求：撤销一审判决；依法改判或发回重审，责令某区人社局就房某工伤申请重新作出行政确认；某区人社局承担诉讼费用。

某市中级人民法院于2018年11月8日作出（2018）辽08行终××号行政判决。该院二审期间申请证人曲某、于某出庭作证，二证人系房某原同一班组工友，证明工作时间、地点及事发经过。其他案件事实与原审一致。该院二审认为，该案争议焦点为房某突发疾病的时间和地点是否属于工作时间和工作岗位。依据《工伤保险条例》第十五条第一款第（一）项之规定“在工作时间和工作岗位，突发疾病死亡或者在48小时之内经抢救无效死亡的”，视同工伤。《辽宁省工伤保险实施办法》对工作时间和工作岗位的含义作出了具体的说明。该办法第六十三条规定，“工作时间”是指本单位规定的上班时间至下班时间之间，包括职工在岗时满足正常生理需要的时间，职工提前到岗后做必要的工作准备和下班时做收尾工作的时间，以及本单位安排的加班时间；“工作场所”是指职工从事工作所在的车间、班组、办公楼等具体空间以内，包括职工在岗时满足正常生理需要的本单位卫生间、食堂和内部工作联系地点及其途中路线；“工作岗位”是指职工从事本职工作的具体处所，包括办公室、柜台、操作台、施工段等，也包括受本单位委派所到的特定工作场合等本单位临时安排的工作岗位。根据以上法律规定，房某发病死亡时间应当视为满足“工作时间”的条件，但发病地点不属于“工作岗位”。其在候工楼无论是中午休息还是候工，都属于“工作场所”含义范围内，而“工作岗位”这一表述是区别于“工作场所”的，指的是从事本职工作的具体处所，不宜作外延性的扩大解释。房某负责清料工作，其清料工作的地点较为明确，即A港池，其工作岗位并不包含事发所在的候工楼，候工楼距离A港池较远，由此可见工作岗位及候工楼的区域划分界限极为明显，另外，在正常上班时间工人在A港池没有工作时，也是在A港池候工，并不是在发病地点的候工楼。因此，房某发病死亡依法不能认定为工伤，被上诉人作出不予认定工伤结论正确，原审判决认定事实清楚，程序合法，适用法律正确，予以维持。杜某某、房某某的上诉理由缺乏事实与法律依据，不予支持。判决：驳回上诉，维持原判。

杜某某、房某某不服二审判决，向辽宁省高级人民法院申请再审。辽宁省高级人民法院于2019年11月4日作出（2019）辽行申××号行政裁定书。该院再审认为，案件争议焦点为房某突发疾病的时间和地点是否属于工作时间和工作岗位。依据《工伤保险条例》第十五条第一款第（一）项之规定，“在工作时间和工作岗位，突发疾病死亡或者在48小时之内经抢救无效死亡的，视同工伤”。《辽宁省工伤保险实施办法》对工作时间和工作岗位的含义作出了具体的说明，该办法第六十三条规定，“工作时间”是指本单位规定的上班时间至下班时间之间，包括职工在岗时满足正常生理需要的时间，职工提前到岗后做必要的工作准备和下班时做收尾工作的时间，以及本单位安排的加班时间；“工作场所”是指职工从事工作所在的车间、班组、办公楼等具体空间以内，包括职工在岗时满足正常生理需要的本单位卫生间、食堂和内部工作联系地点及其途中路线；“工作岗位”是指职工从事本职工作的具体处所，包括办公室、柜台、操作台、施工段等，也包括受本单位委派所到的特定工作场合等本单位临时安排的工作岗位。根据以上法律规定，房某发病死亡时间应当视为满足“工作时间”的条件，但发病地点不属于“工作岗位”。其在候工楼无论是中午休息还是候工，都属于“工作场所”含义范围内，而“工作岗位”这一表述是区别于“工作场所”的，指的是从事本职工作的具体处所，不宜作外延性的扩大解释。房某负责清料工作，其清料工作的地点较为明确，即A港池，其工作岗位并不包含事发所在的候工楼，候工楼距离A港池较远，由此可见工作岗位及候工楼的区域划分界限极为明显。另外，在正常上班时间工人在A港池没有工作时，也是在A港池候工，并不是在发病地点的候工楼。因此，房某发病死亡依法不能认定为工伤，某区人社局作出不予认定工伤结论正确。综上，再审申请人的再审申请不符合《中华人民共和国行政诉讼法》第九十一条规定的情形。裁定：驳回杜某某、房某某的再审申请。

杜某某、房某某不服，向检察机关申请监督。

经审查，有证据证明2018年1月5日房某工作地点为一港池，某市中级人民法院认定的工作地点为A港池的事实证据不足。本院审查认定的其他事实与某市中级人民法院审查认定的案件事实一致。

本院认为，某市中级人民法院（2018）辽08行终××号行政判决认定事实的主要证据不足，适用法律确有错误。

（一）某市中级人民法院（2018）辽08行终××号行政判决认定事实的主要证据不足。

某市中级人民法院（2018）辽08行终××号行政判决认为“房某负责清料工作，其清料工作的地点较为明确，即A港池，其工作岗位并不包含事发所在的候工楼，候工楼距离A港池较远，由此可见工作岗位及候工楼的区域划分界限极为明显，另外，在正常上班时间工人在A港池没有工作时，也是在A港池候工，并不是在发病地点的候工楼”。根据相关证据，某市中级人民法院（2018）辽08行终××号行政判决认定的事实证据不足：申请人提出并提供情况说明证明，房某突发疾病死亡时，其所在的班组轮值在某市港务局一港池而不是A港池，在一港池工作必须在候工楼更衣室午休候工。孙某等二人提供情况说明证明，2018年1月5日，房某在候工楼更衣室内突发疾病死亡，当天，房某所在的班组正轮值在港区内的一港池从事堆料清理。曲某等六人提供“某港务集团公司第三分公司堆装部于某班组工作说明”证明，于某班组是某海港装卸有限公司劳务派遣人员，班组共8人，从事港内一港池和A港池两处区域内皮带机沿线掉落的粉料的清理工作。一港池和A港池两个地方一月一轮换。2018年1月5日也就是房某死亡的时候，其班组当时轮值在一港池清料。一港池距离候工楼更衣室1公里左右。A港池距离候工楼更衣室5.5公里左右。无论是在一港池还是A港池工作，候工楼更衣室都是每天早上和吃饭后必须停留的地方。中午11：30 回食堂就餐，食堂就在候工楼左侧，就餐后回候工楼待命，因为皮带机 24 小时运转，单位要求不许离开候工楼，随时等待通知上工，如没有提前上工，就在 13 点前赶到清料现场。派遣劳务人员，根据用工单位的清料工作性质的要求来安排自己的工作。对于午饭后这段时间，全体员工一直是不许离开候工楼，以防皮带机洒料耽误作业随时到现场作业。由于一港池清料并没有候工场所，所以只能在候工楼更衣室集结待命。午饭后在候工楼停留，是属于接受单位指定在固定时间和固定的地点候工，是每天必须要遵守的工作制度。

（二）某市中级人民法院（2018）辽 08 行终 × × 号行政判决适用法律确有错误。

本案争议的焦点是房某是否属于在工作时间和工作岗位突发疾病死亡，其死亡依法应否视同工伤，其核心是工作岗位的认定问题。

1. 关于工作时间。

《辽宁省工伤保险实施办法》第六十三条规定："本办法下列用语的含义：（一）工作时间，是指本单位规定的上班时间至下班时间之间，包括职工在岗时满足正常生理需要的时间，职工提前到岗后做必要的工作准备和下班时做收尾工作的时间，以及本单位安排的加班时间……"本案中，房某的工作系某营口海港装卸有限公司单位员工，被派遣至某港务集团股份三公司从事清料工作。根据曲某、于某在二审庭审中的陈述及公安机关的调查笔录等内容可以认定，房某的工作时间为早上 7 点 10 分左右至下午 5 点，工作期间由某港务集团股份三公司统一管理，员工统一着装、统一用餐，工作时间不能离开港区。房某突发疾病死亡的时间为其午饭后候工休息、等待派工时，符合《辽宁省工伤保险实施办法》第六十三条规定的工作时间的要求，故房某突发疾病死亡的时间属于工作时间。

2. 关于工作岗位。

本案争议的核心是工作岗位的认定。《最高人民法院关于审理工伤保险行政案件若干问题的规定》第四条："社会保险行政部门认定下列情形为工伤的，人民法院应予支持：……（三）在工作时间内，职工来往于多个与其工作职责相关的工作场所之间的合理区域因工受到伤害的；（四）其他与履行工作职责相关，在工作时间及合理区域内受到伤害的。"《辽宁省工伤保险实施办法》第六十三条规定："……（三）工作岗位，是指职工从事本职工作的具体处所，包括办公室、柜台、操作台、施工段等，也包括受本单位委派所到的特定工作场合等本单位临时安排的工作岗位……"

某市中级人民法院卷宗所载房某工友于某证言证明，房某死前在三公司候工楼118号更衣室。候工楼就是工人中午吃完饭后临时休息等待下午上班的地方。房间里没有床。三公司工人们11：30至13：00属于就餐和待工时间，这段时间所有工人不许离开待工楼。工作是负责清料，料是传送带下来的，中午传送带不停，所以中午这段时间主要是吃饭，三公司不允许离开待工楼。工人们吃完饭大约是11：40，一般都在更衣室休息一会儿。也有在13：00之前到现场上班的时候，一年中应该有几回。料受阻了，必须马上清理。中午吃完饭和在更衣室休息这段时间不属于下班，就是吃饭和休息下班是在晚上5点以后回家，这项工作比较特殊，基本是上下午的活连着干，中午就是吃饭和休息不能算下班，公司要求中午不许离开候工楼。有提前或者延后上工的情况，吃完饭如果有散料着急的，就下去干。某市中级人民法院卷宗所载房某工友曲某证言证明，午饭后在港内候工地点等待上班，大都在候工楼内的更衣室，更衣地点和房某一个屋，总共有20多人在这个屋换衣服。一般情况是在13点到清料地点，也有提前上岗的时候。提前上岗的原因是现场有洒料的时候。更衣室没有床，就是换衣服的地方。吃饭不久就去上工是因为如果堵料，皮带机运行不了，就得去清理。有的船卸货，也得清理干净。有时早有时晚。中午吃完饭后到 1 点是随时有活都得去。中午时间是归单位管理和约束的。某市中级人民法院卷宗所载房某工友刘某、杨某书写证明材料证明，具体工作时间和地点不固定，由单位统一通知，在待工期间统一在候工楼休息。

本案中，房某突发疾病死亡的地点为候工楼 118 室，是用人单位供员工临时休息和等待派工的中转区间，118 室内并无任何休息设施，并不是专供午休的场所，房某与工友平时在此地候工。清料工作性质特殊，并没有明确清晰的工作时间与休息时间的划分，处于随时待命、随时去清料现场的状态。房某突发疾病死亡时所处的候工楼属于工作岗位的合理延伸，不能仅因房某死亡时处于候工状态而否定房某工作的特殊性及候工楼的工作岗位属性。最高人民法院（2018）最高法行申 10600 号行政裁定，湖南省高级人民法院（2020）湘行申 76 号行政裁定等裁判对与本案类似情形均予以认定为工伤。

《工伤保险条例》第一条规定："为了保障因工作遭受事故伤害或者患职业病的职工获得医疗救治和经济补偿，促进工伤预防和职业康复，分散用人单位的工伤风险，制定本条例。"根据该条规定，工伤保险制度具有伤害补偿、工伤预防、职业康复和风险分散等功能。劳动者救济和补偿是工伤保险制度的核心内容。据此，本案应从有利于劳动者权益保护的立法精神出发，以立法精神和法律规定的文义所能包涵的内容，正确理解和适用法律。本案中将候工楼视为工作岗位的合理延伸并不是作外延性的扩大解释，而是法律规定的应有之义。仅从法律规定的字面意思理解、机械的适用法律，违背了工伤保险制度以劳动者救济、补偿为核心的立法精神及要旨。

综上，房某属于在工作时间和工作岗位突发疾病死亡，符合

《工伤保险条例》第十五条第（一）项规定的视同工伤的法定情形。某市中级人民法院（2018）辽08行终××号行政判决认定事实证据不足、适用法律错误，依据《中华人民共和国行政诉讼法》第九十一条第（三）项、第（四）项、第九十三条第二款、《人民检察院行政诉讼监督规则（试行）》第二十二条之规定，向你院提出抗诉，请依法再审。

此致

辽宁省高级人民法院

2020年11月12日

（院印）

附：检察卷宗壹册（略）

重庆市人民检察院土地征收领域社会治理检察建议书

重庆市人民检察院

检察建议书

渝检建〔2021〕×号

重庆市规划和自然资源局：

近年来，我市征地拆迁领域申请检察监督的案件呈高发态势，本院于2018年至2020年办理的426件行政裁判结果监督案件中，约380件系土地征收、房屋拆迁补偿相关行政行为所引发的争议。其中以重庆市人民政府（以下简称市政府）为被告的征地补偿安置裁决、复议案件121件，形成了行政争议风险和上访风险。通过分析发现，市政府及重庆市规划和自然资源局（以下简称市规自局）在土地征收补偿安置方面存在以下问题：

一是“有地无户”的承包经营权人在其土地被征收时不能获得相应的土地补偿费。根据《中华人民共和国土地管理法实施条例》第二十六条之规定，土地补偿费的所有权归农村集体经济组织。同时根据《中华人民共和国农村土地承包法》第十七条及《中华人民共和国民法典》第三百三十八条之规定，土地承包经营权人具有获得相应补偿的权利。《最高人民法院关于审理涉及农村土地承包纠纷案件适用法律问题的解释》第二十二条规定，土地补偿费的分配系通过集体经济组织内部程序完成，同时允许地方性法规规章另行规定。也就是说，根据相关法律法规的规定，土地补偿费的分配应当归农村集体经济组织，并原则上由其落实内部赔偿救济，而不是直接分配给个人。而市政府于1999年5月14日出台的《重庆市征地补偿安置办法》第十六条之规定，在土地补偿费的具体支付方式上，土地行政主管部门可支付给被征地农村集体经济组织或直接支付给农转非人员。这样就出现了征地前被征地农民的户口已经外迁的，即便其作为土地承包经营权人在征地范围有合法承包的土地，但由于不是农转非人员，不能获得相应的土地补偿费，导致集体上访和集访风险。本院办理的A区何某会等49人与市政府征地补偿安置争议裁决系列案中，A区涉案征地补偿安置就是土地行政主管部门把所涉土地补偿费直接支付给个人。根据《重庆市征地补偿安置办法》第十三条之规定，因何某会等49人的户口在征地前已迁出原集体经济组织，不属于农转非安置人员，而土地征收部门支付土地补偿费和人员安置补助费都以农转非人员作为唯一依据。该做法剥夺了何某会等土地承包经营权人获得土地补偿费的权利。

二是未按照法律规定定期调整或重新公布征地补偿安置标准。根据《中华人民共和国土地管理法》第四十八条第三款之规定，征收农用地的土地补偿费至少每三年调整或者重新公布一次。市政府最近一次关于调整征地补偿安置标准的文件系2013年所印发的渝府发〔2013〕58号，距今已逾7年。市政府长时间未调整补偿安置标准，导致政府与被征地农户之间因适用补偿标准不统一引发行政争议，进而出现涉法涉诉的矛盾风险。特别是一旦出现在征地过程中政府先与被征地农户签订安置补偿协议，后完善正式的征地手续的，即便签协议时与批复时的补偿标准同一，政府采用原补偿标准正确，但后政府调整了补偿标准，被征地农户就期望按照新的标准获得补偿，更易引发群体性争议。本院在办理张某等13户与重庆市

B区规划和自然资源局等房屋拆迁行政协议抗诉系列案中发现，B区补偿标准未及时调整系引发该系列争议的主要原因之一。在张某等13户案中，签协议时使用的主要是2008年的标准，而2015年发布的新标准恰在政府批准案涉土地补偿方案后不久。由于B区人民政府长期未调整土地补偿费、安置补助费标准，新旧标准调整时间间隔过长、差距较大，被征地农民期望适用调高后的标准进行补偿。可见，土地补偿费等标准长期不调整，会诱发被征地农户的预期不稳。在重庆主城区，调整征地补偿安置标准系市政府及市规自局的职责所在，市政府和市规自局有必要及时调整征地补偿安置标准并重新公布。

三是部分“未批先征”的农转非人员的社会保障不到位。2019年修订的《中华人民共和国土地管理法》第四十八条第五款规定，被征地农民社会保障费用的筹集、管理和使用办法，由省、自治区、直辖市制定。在部分历史遗留的“未批先征”案件中，政府在后续的补偿中虽按正式征地批复的标准补足了大部分费用，但对农转非人员的养老保险等社会保障并未按正式批复时间进行计算和调整。本院办理的郑某春与市政府不履行法定职责等三案中，郑某春的主要诉求在于按征地批复完成的时间享受养老保险待遇。郑某春的承包土地于2010年被征收时，C区国土资源分局于2010年10月给郑某春买了10年的基本养老保险，但该宗土地于2017年方完成征地批复等手续。如从郑某春的土地被正式批准征收的2017年开始计算，按照《重庆市2008年1月1日以后新征地农转非人员基本养老保险试行办法》（渝府发〔2008〕26号）的相关规定，郑某春已有52岁，享受的养老保险待遇应更加优惠，征地单位应当承担的郑某春的养老保险负担也应当更重。在土地征收程序已改革的情形下，市规自局应当高度重视实践中因“未批先征”没有按照正式批复时间补足被征地农民社会保障待遇的遗留问题。

为降低行政争议风险，更好地保护被征地农民的合法权益，检察机关作为法律监督机关，根据《中华人民共和国人民检察院组织法》第二十条、第二十一条和《人民检察院检察建议工作规定》第十一条之规定，针对上述问题，特提出以下建议：

1. 建议在《重庆市征地补偿安置办法》中明确，土地承包经营权人具有获得相应补偿的权利，且不以户口作为土地补偿的前提，确保土地承包经营权人在承包地被征收时有权获得土地补偿费。

2. 严格执行法律法规，至少每三年调整或重新公布征地补偿安置标准，并督促下级人民政府及时调整，在全市形成征地补偿安置标准的动态调整机制。

3. 落实修订后的《中华人民共和国土地管理法》的精神，保障被征地农民原有生活水平不降低、长远生计有保障，高度重视被征地农民的社会保障，及时完善、落实被征地农民社会保障费用的筹集、管理和使用办法。

请收到检察建议后及时研究，并在一个月内将处理情况反馈本院。

2021 年××月××日

附件一：相关法律规定

1.《中华人民共和国民法典》第三百三十八条。

2.《中华人民共和国农村土地承包法》第十七条（修订前第十六条）。

3.《中华人民共和国土地管理法》第四十八条第三款、第五款。

4.《中华人民共和国土地管理法实施条例》第二十六条。

5.《重庆市土地管理规定》第三十九条。

6. 《重庆市征地补偿安置办法》第十三条。

7. 《最高人民法院关于审理涉及农村土地承包纠纷案件适用法律问题的解释》第二十二条（修订前第二十四条）。

附件二：相关申请监督案件

1. 何某会等与重庆市人民政府征地补偿安置争议裁决案。

2. 张某等与重庆市B区规划和自然资源局、重庆市B区国家建设统一征地办公室房屋拆迁行政协议抗诉案。

3. 郑某春与重庆市C区人民政府要求撤销回复案。

规范性文件

关于印发《关于人民检察院在履行行政诉讼监督职责中开展行政违法行为监督工作的意见》的通知

（高检发办字〔2024〕74号）

各省、自治区、直辖市人民检察院，解放军军事检察院，新疆生产建设兵团人民检察院：

为深入贯彻党的二十大精神，全面落实《中共中央关于全面推进依法治国若干重大问题的决定》《中共中央关于加强新时代检察机关法律监督工作的意见》，积极探索检察机关在履行法律监督职责中开展行政违法行为监督，最高人民检察院制定了《关于人民检察院在履行行政诉讼监督职责中开展行政违法行为监督工作的意见》，现予印发，请认真贯彻执行。要坚持积极探索、稳妥推进、规范有序，努力把工作抓实、步子迈实、效果做实。工作中遇到的新情况、新问题，请及时层报最高人民检察院。

最高人民检察院

2024年4月7日

关于人民检察院
在履行行政诉讼监督职责中
开展行政违法行为监督工作的意见

为深入贯彻党的二十大精神，全面落实《中共中央关于全面推进依法治国若干重大问题的决定》《中共中央关于加强新时代检察机关法律监督工作的意见》和《中华人民共和国行政诉讼法》等法律规定，在履行行政诉讼监督职责中积极稳妥开展行政违法行为监督工作，结合检察工作实际，提出如下意见。

一、提高政治站位，切实增强推进行政违法行为监督工作的自觉性、规范性与科学性

1. 重要意义。党的十八届四中全会通过的《中共中央关于全面推进依法治国若干重大问题的决定》明确提出，“检察机关在履行职责中发现行政机关违法行使职权或者不行使职权的行为，应该督促其纠正。”《中共中央关于加强新时代检察机关法律监督工作的意见》对“全面深化行政检察监督”作出部署，重申党的十八届四中全会决定提出的改革举措，要求检察机关“在履行法律监督职责中发现行政机关违法行使职权或者不行使职权的，可以依照法律规定制发检察建议等督促其纠正”。党的二十大报告强调“加强检察机关法律监督工作”。最高检印发《关于推进行刑双向衔接和行政违法行为监督构建检察监督与行政执法衔接制度的意见》，要求“积

极推动行政违法行为监督工作”。在全面依法治国、建设法治中国新形势下，推进在履行行政诉讼监督职责中开展行政违法行为监督工作，对于深入贯彻习近平法治思想，落实以人民为中心的司法理念，加强检察机关法律监督，共同促进严格执法、公正司法，促进法治政府建设，推进国家治理体系和治理能力现代化具有重要意义。

2. 指导思想。各级人民检察院要坚持以习近平新时代中国特色社会主义思想为指导，深入贯彻习近平法治思想，全面落实《中共中央关于加强新时代检察机关法律监督工作的意见》，深刻领悟“两个确立”的决定性意义，不断增强“四个意识”，坚定“四个自信”，做到“两个维护”，自觉将思想和行动统一到党中央的决策部署上来，全面深化行政检察监督，促进行政机关严格规范公正文明执法，助力法治国家、法治政府、法治社会一体建设，保障国家法律统一正确实施，以检察工作现代化服务保障中国式现代化。

3. 工作原则。人民检察院在履行行政诉讼监督职责中开展行政违法行为监督，应当坚持下列原则：

——坚持党的领导。认真贯彻落实党的二十大关于“加强检察机关法律监督工作”的要求，紧紧围绕服务党和国家发展大局谋划和推进行政违法行为监督工作。向党委及其政法委汇报在履行行政诉讼监督职责中开展行政违法行为监督工作的情况，推动解决遇到的困难和问题。

——坚持以人民为中心。坚持人民至上，顺应新时代人民群众在民主、法治、公平、正义、安全、环境等方面更高水平、内涵更丰富的需求，把服务大局、司法为民融入到行政违法行为监督办案的每一个环节，着力解决人民群众急难愁盼问题，切实保护公民、法人和其他组织等行政相对人的合法权益，增强人民群众的获得感、幸福感、安全感。

——坚持依法规范监督。恪守人民检察院法律监督职能定位，秉持客观公正立场，尊重行政权运行规律，坚持有限监督，准确把握在履行行政诉讼监督职责中行政违法行为监督的范围、方式和程序，以事实为根据，以法律为准绳，实行案件化办理，遵循谦抑原则，不介入正在进行的行政程序，不代行行政权力，不替代行政诉讼。

——坚持精准监督。强化系统观念，聚焦对执法理念、政策导向、法律适用具有引领、创新、规范价值的典型案件办理，通过调查核实、公开听证、智慧借助等方式进行精细化审查，在准确认定行政行为违法事实、准确适用法律的基础上，提出切实可行的检察建议，并注重类案监督和专项监督，实现办理一案治理一片的效果。

——坚持监督与支持并重。在履行行政诉讼监督职责中发现行政机关违法行使职权或者不行使职权的，敢于监督，善于监督，有力监督；对于行政机关合法行政行为，依法支持，促进行政机关依法行政。

——坚持推进协同监督。积极争取党委领导、人大监督、政府和有关部门支持，推进在履行行政诉讼监督职责中的行政违法行为监督与行政执法监督、行政复议、行政诉讼等制度有机贯通、相互协调，充分发挥各自功能，形成监督合力，增强监督实效。

二、准确把握监督范围、标准和重点

4. 监督范围。人民检察院在履行行政诉讼监督职责中，发现行政机关违法行使职权或者不行使职权，符合下列条件且确有必要的，可以启动行政违法行为监督程序，依法督促其纠正：

（1）办理行政裁判结果监督案件，认为被诉行政行为存在违法情形，但不宜提出抗诉或者再审检察建议的；

（2）办理行政裁判结果监督案件，发现被诉行政行为的关联行政行为存在违法情形的；

（3）办理行政审判程序中审判人员违法行为监督案件，发现被诉行政行为及关联行政行为存在违法情形的；

（4）办理行政诉讼执行监督案件，发现被诉行政机关不依法履行人民法院生效判决确定的义务的；

（5）办理行政非诉执行监督案件，发现行政机关申请人民法院强制执行的行政行为及关联行政行为存在违法情形的；

（6）法律规定的其他应予监督的情形。

对于发现的行政违法行为损害国家利益和社会公共利益，具有可诉性的，依法按照行政公益诉讼程序办理。

就同一违法情形，通过行政公益诉讼已经督促行政机关纠正违法，并且实现行政相对人权利救济的，不再启动监督程序。

5. 监督标准。人民检察院经审查，有下列情形之一的，属于本意见规定的“行政机关违法行使职权或者不行使职权”：

（1）超越职权的；

（2）主要证据不足的；

（3）适用法律、法规错误的；

（4）违反法定程序的；

（5）明显不当的；

（6）不履行或怠于履行职权的。

6. 监督重点。人民检察院在履行行政诉讼监督职责中开展行政违法行为监督，应当立足行政诉讼法关于“保护公民、法人和其他组织合法权益、监督行政机关依法行使职权”的目的和任务，始终围绕中心、服务大局，瞄准严重影响经济社会高质量发展的难点、人民群众反映强烈的热点、社会治理中的堵点等重点问题，紧盯与国家重大战略实施、民生民利保障、营商环境建设等密切相关的重点领域，聚焦影响行政相对人合法权益的行政争议，加大对情节严重的行政乱作为不作为的监督力度。

三、规范案件管辖与线索管理

7. 案件管辖。人民检察院办理在履行行政诉讼监督职责中的行政违法行为监督案件，由行政机关对应的同级人民检察院管辖。行政机关为县级以上人民政府，由上一级人民检察院管辖更为适宜的，也可以由上一级人民检察院管辖。上级人民检察院可以根据办案需要，将下级人民检察院管辖的行政违法行为监督案件指定本辖区内其他人民检察院办理。上级人民检察院认为确有必要的，可以办理下级人民检察院管辖的行政违法行为监督案件。下级人民检察院认为需要由上级人民检察院办理的，可以报请上级人民检察院决定。

人民检察院对管辖权发生争议的，由发生争议的人民检察院协商解决。协商不成的，报共同的上级人民检察院指定管辖。

8. 线索发现。人民检察院行政检察部门办理行政诉讼监督案件，应当依照《人民检察院行政诉讼监督规则》的规定对被诉行政行为及关联行政行为是否存在违法情形进行调查核实，在审查终结报告中对行政诉讼监督案件提出明确的处理意见的同时，还应当对是否发现行政违法行为监督线索及如何处理线索提出明确的意见。

人民检察院对行政裁判结果监督案件决定提出抗诉或者再审检察建议，要求人民法院对被诉行政行为确认违法、确认无效、撤销、变更、要求履行法定职责或给付义务的，不再针对被诉行政行为违法情形启动行政违法行为监督程序。

9. 线索处理。人民检察院行政检察部门办理行政诉讼监督案件发现行政违法行为监督线索，区分下列情形作出处理：

（1）认为行政违法行为监督线索属于本院管辖，并符合本意见规定的监督范围的，由本院行政检察部门办理；

（2）认为行政违法行为监督线索属于其他人民检察院管辖的，

应当依照《人民检察院内部移送法律监督线索工作规定》制作《线索移送表》，连同相关材料，经行政检察部门负责人审批后，向本院案件管理部门移送；

（3）依照《中华人民共和国行政诉讼法》《人民检察院公益诉讼办案规则》的规定，属于行政公益诉讼案件的，应当依照《人民检察院内部移送法律监督线索工作规定》向本院案件管理部门移送。

人民检察院行政检察部门办理行政诉讼监督案件发现行政执法机关对涉嫌犯罪案件应当移送公安机关立案侦查而不移送，或者公安机关可能存在应当立案而不立案情形的，应当依照《人民检察院内部移送法律监督线索工作规定》向本院案件管理部门移送。

四、严格办理程序

10. 个案受理。行政检察部门应当将行政违法行为监督线索录入全国检察业务应用系统。承办检察官应当对行政违法行为监督线索进行审查评估，必要时可以进行初步调查，在一个月内提出受理或者不受理的意见。经审查，行政行为属于监督范围，可能符合本意见规定的监督标准的，报请检察长批准决定受理后，交由案件管理部门登记。

11. 类案受理。人民检察院在履行行政诉讼监督职责中对行政违法行为监督案件决定受理前发现同一行政机关多个同一性质的行政行为可能存在违法情形的，应当作为一个案件受理。在提出检察建议前发现其他同一性质的行政违法行为的，应当与已受理案件一并处理。

12. 调查核实。人民检察院办理在履行行政诉讼监督职责中的行政违法行为监督案件，应当加强调查核实，调查和收集行政机关违法行使职权或者不行使职权的证据，必要时可以举行听证或者听取专家意见。调查核实的方式依照《人民检察院行政诉讼监督规则》的有关规定执行。

人民检察院调查和收集证据，不得采取限制人身自由和查封、扣押、冻结财产等强制性措施。

检察人员调查和收集证据应当保守国家秘密和工作秘密，对调查和收集证据中知悉的商业秘密和个人隐私予以保密。

13. 处理决定。承办检察官审查终结后，应当制作行政违法行为监督案件审查终结报告。审查终结报告应当全面、客观、公正地叙述案件事实，依照法律提出明确的处理意见。人民检察院对审查终结的行政违法行为监督案件，应当区分情况分别作出提出检察建议、移送有关部门处理或者终结审查的决定。

14. 提出检察建议。人民检察院认为行政机关存在违法行使职权或者不行使职权情形的，经检察长批准或者检察委员会研究决定，可以依照《人民检察院检察建议工作规定》制发检察建议等督促其纠正。

（1）对于行政机关违反法律规定的行为或者不作为，可以依法向行政机关提出检察建议；

（2）对于行政机关社会治理工作存在《人民检察院检察建议工作规定》列举情形的，可以提出社会治理的检察建议；

（3）行政机关既存在违法行使职权或者不行使职权的问题，又存在社会治理方面的问题需要改进的，可以在督促行政机关纠正违法或者履行职责的检察建议中一并提出。

省级以下人民检察院办理在履行行政诉讼监督职责中的行政违法行为监督案件，拟向县级以上人民政府提出检察建议的，报省级人民检察院审批。省级人民检察院办理的行政违法行为监督案件，拟向省级人民政府提出检察建议的，报最高人民检察院审批。

对同一行政机关行政行为同类违法情形，应当制发一份检察建议。人民检察院可以将检察建议书抄送被建议行政机关本级的人大常委会、人民政府及监察机关或者上一级行政机关。

15. 终结审查。有下列情形之一的，人民检察院应当终结审查：

（1）未发现行政机关有违法行使职权或者不行使职权情形的；

（2）行政机关已经自行纠正行政违法行为或者已经依法履行法定职责、给付义务的；

（3）行政相对人或者利害关系人与行政机关就可调解的行政事项已经达成和解协议，且不损害国家利益、社会公共利益或者他人合法权益的；

（4）其他应当终结审查的情形。

终结审查的，应当制作《终结审查决定书》。

16. 移送有关部门处理。人民检察院在办理行政违法行为监督案件中发现属于纪检监察机关管辖的公职人员涉嫌职务违法犯罪线索的，依照《关于人民检察院向纪检监察机关移送问题线索工作的实施意见》规定的移送程序办理；发现属于人民检察院侦查部门管辖的司法工作人员相关涉嫌职务犯罪线索的，依照《人民检察院内部移送法律监督线索工作规定》的移送程序办理；发现涉嫌其他刑事犯罪线索的，移送公安机关依法处理。

17. 办理期限。人民检察院办理行政违法行为监督案件，应当自决定受理之日起三个月内审查终结并作出决定，但调卷、鉴定、审计等期间不计入审查期限。有特殊情况需要延长审查期限的，由本院检察长批准。

18. 跟踪反馈。人民检察院应当采取询问、走访等方式对发出的检察建议及时予以跟踪督促。对未按期回复、回复情况与实际不符、未整改的，可以提请上一级人民检察院跟进监督，或者向行政机关本级纪检监察机关和上一级行政机关通报，必要时可以向地方党委、人大常委会报告。相关责任人员涉嫌违纪违法的，将案件线索移送纪检监察机关。

行政检察部门应当将办理结果及时书面告知移送案件线索的相关部门。

19. 请示报告和备案。人民检察院办理重大、疑难、复杂以及有重大社会影响的案件，应当依照相关规定向上一级人民检察院报告。人民检察院向行政机关发出的检察建议书，应当于五日内依照《人民检察院检察建议工作规定》报上一级人民检察院备案。

20. 参照办理。人民检察院行政检察部门在行政执法和刑事司法反向衔接工作中，发现行政主管机关违法行使职权或者不行使职权的，参照本意见办理。

未成年人检察、知识产权检察等综合履职部门在履行职责中发现行政违法行为监督案件的，依照本意见规定办理。

五、完善配套工作机制

21. 信息共享机制。完善检察机关与行政执法机关、公安机关、审判机关、司法行政机关执法司法信息共享、案情通报、案件移送制度。

22. 司法责任制。人民检察院办理行政违法行为监督案件实行司法责任制，承办检察官对案件事实认定和提出的处理意见负责。向其他机关提出检察建议、移送线索等办案事项，可以召开检察官联席会议讨论，经部门负责人审核后，报检察长决定。对于重大复杂疑难或者在当地有较大影响的案件，由检察长提交检察委员会讨论决定。

23. 一体化办案机制。上级人民检察院应当加强对下级人民检察院行政违法行为监督业务指导，发挥案件提办、督办、交办机制作用，需要异地检察机关配合的，异地检察机关应当提供必要的协助。各级人民检察院检察长应当加强统一领导，畅通部门间线索移送渠道，发挥不同业务部门专业性优势，增强监督效能。

24. 协同机制。推进刑事检察、民事检察、行政检察、公益诉讼检察深度融合发展，优化检察机关内部统筹协调机制，完善“四大检察”协调配合、线索移送管理机制。建立健全人民检察院听取行政机关意见制度。强化系统观念，协同参与政府开展的行政执法监督、案件评查等活动，开展行政违法行为监督，形成监督合力，增强监督实效。

六、加强组织领导

25. 加强工作指导。各省级人民检察院要精心部署，统筹谋划，结合本地实际，制定具体可行的实施意见、工作指引、操作规程。上级人民检察院要加强督促检查，研究确定监督重点，加强案例指导，指导各地工作开展，确保监督质量和效果。

26. 积极争取支持。积极争取党委、人大的重视与支持，定期或者不定期报告行政违法行为监督工作情况，协同参与党委及其政法委开展的执法监督，人大常委会开展的执法检查，确保在党的领导和人大监督下积极稳妥推进。

27. 加强理论研究。注重在实践中总结经验，提供可借鉴可复制模式。突出改革意识和问题导向，加强与学术界的沟通、交流，深入研究行政违法行为监督的理论基础、职权配置和运行规律。加强立法研究，适时推动相关法律修改完善。

28. 充实加强行政检察力量。各级人民检察院尤其是市县两级人民检察院，应当根据行政违法行为监督开展情况，及时配齐配强行政检察人员。

29. 做好舆论引导。正确把握宣传导向和严格执行宣传纪律，坚持双赢多赢共赢，及时回应社会关切，正确引导社会预期，为在履行行政诉讼监督职责中的行政违法行为监督工作发展营造良好的舆论环境。

2024 年《行政检察工作指导》征稿启事

《行政检察工作指导》是最高人民检察院行政检察厅主办、中国检察出版社出版的连续出版物，每季一辑，每年四辑。《行政检察工作指导》坚持“立足行政检察理论前沿，注重工作实践交流指导”宗旨，紧贴行政检察监督需求，追踪行政司法领域最新前沿问题，研究行政法律适用、行政司法实务重大问题，反映行政司法改革、司法实践动态与成果，努力发挥对下指导、提升行政检察业务能力和深化行政检察理论研究等作用。

一、投稿要求

（一）稿件内容要符合国家法律和党的政策精神，符合司法改革方向，符合行政检察工作实际，具有时效性；

（二）稿件内容要遵守学术规范，尊重他人的著作权，具有原创性，内容不涉密；

（三）稿件以理论水平与实务研究价值为采用标准，要求选题新颖、说理充分、逻辑严密、行文规范；

（四）稿件篇幅以 5000—20000 字为宜，10000 字以上理论文章要求附目次；

（五）投稿应附作者简介，包括作者姓名、职务职称、学位、工作单位、联系方式等。

二、栏目要求

（一）行政司法前沿，主要刊载反映行政法理论界、实务界最新动态及研究成果论文，稿件篇幅以 10000 字以上为宜；

（二）行政法律适用，主要刊载对热点、难点行政法理论和实务问题进行深度剖析文章，稿件篇幅以 10000 字以上为宜；

（三）行政检察实务，主要刊载行政检察工作中值得借鉴、参考的经验做法和制度机制介绍文章，要求对行政诉讼和行政诉讼监督实践的热点和难点问题进行深度研究与分析；

（四）疑难案件剖析，主要刊载对办理行政诉讼和行政诉讼监督案件中存在争议的问题进行解析文章；

（五）行政案例指导，主要刊载类型较新、争议较大或者指导性较强、具有重要借鉴参考价值的指导性案例、典型案件的解读及评析意见文章；

（六）行政法律法规，主要刊载有关行政法律法规、司法解释或规范性文件，以及理解与适用的解读文章；

（七）行政法律文书，精选全国行政裁判文书、行政抗诉书、再审检察建议书、检察建议书等行政诉讼文书范例刊发。

三、注释体例

（一）文中引用数据和他人观点必须注明出处。

1. 著作类：引用的专（编）著应依次标明作者（译者）、书名、出版社及出版年份、页码。如何海波：《实质法治：寻求行政判决的合法性》，法律出版社 2020 年版，第 214—215 页；杨春雷、万春、姜明安主编：《行政检察业务》，中国检察出版社 2022 年版，第 227 页；［日］南博方：《行政法》，杨建顺译，商务印书馆 2020

年版，第142页。

2. 论文类：引用期刊文章应依次标明作者、文章名、刊名、年、期。如张相军：《在“全面”和“深化”上发力做实行政检察监督》，载《人民检察》2021年第21—22期。

3. 报纸类：报纸文章应依次标明作者、文章名、报纸名、年、月、日、版。如徐日丹、刘亭亭：《行政检察守护长江黄河长久安澜》，载《检察日报》2022年11月2日，第1版。

4. 网络文献类：引用规范参照中国法学会法学期刊研究会推荐使用的《法学引注手册》。如（1）汪波：《哈尔滨市政法机关对“宝马案”认真调查复查》，载人民网2004年1月10日，http：//www. people. com. cn/GB/shehui/1062/2289764. html；（2）刘松山：《失信惩戒立法的三大问题》，载微信公众号“中国法律评论”2019年11月19日；（3）参见法国行政法网站，http：//english. conseiletat. fr/Judging，2016年12月18日访问。

5. 法律文书类：如国务院《关于在全国建立农村最低生活保障制度的通知》，国发〔2007〕19号。

6. 司法案例类：如（1）包某某等诉苍南县人民政府强制拆除房屋案，浙江省高级人民法院民事判决书（1988）浙法民上字7号；（2）“陆某某诉南通发展与改革委员会政府信息公开答复案”，载《最高人民法院公报》2015年第11期。

（二）间接引文须在注释前加“参见”字样；需要转引时，应注明“转引自”何处。如转引自应松年、马怀德主编：《当代中国行政法的源流》，中国法制出版社2006年版，第330页。

（三）体例上采用当页内连续标注形式，如①②③；每个脚注信息应完整，不用“见前注”此类的表述；等等。